모든 감각으로:
클랑쿤스트

모든 감각으로:
클랑쿤스트

모든 감각으로:
클랑쿤스트

Klangkunst

소리 - 공간 - 미디어 - 신체

슈테판 프리케·오현주 엮음   오현주 번역

interviews with

ARNOLD DREYBLATT

CHRISTINA KUBISCH

BERNHARD LEITNER

HELGA DE LA MOTTE-HABER

FRANZ MARTIN OLBRISCH

차례

인터뷰 정보

본문에 수록된 베른하르트 라이트너(Bernhard Leitner)와 크리스티나 쿠비쉬(Christina Kubisch)의 인터뷰는 두 작가와 수년간 걸쳐 최근까지 나눈 다양한 대화를 엮어 편찬한 것이며, 아놀드 드레이블랫(Arnold Dreyblatt)과 프란츠 마틴 올브리쉬(Franz Martin Olbrisch)와의 인터뷰는 이 책을 위해 별도로 기획되었다. 슈테판 프리케(Stefan Fricke)와 헬가 드 라 모테-하버(Helga de la Motte-Haber)의 대화는 「Neue Zeitschrift für Musik」(음악을 위한 새로운 매거진)의 2003년 1호에 독일어 초판으로 게재된 원고를 수정 및 보완한 버전이다. 후문에 수록된 클랑쿤스트(Klangkunst) 용어의 출처에 관한 슈테판 프리케(Stefan Fricke)의 에세이 또한 동일 저널 2012년 6호에 처음 게재되었다.

사진 제공

베른하르트 라이트너(Bernhard Leitner), 크리스티나 쿠비쉬(Christina Kubisch),
아놀드 드레이블랫(Arnold Dreyblatt), 프란츠 마틴 올브리쉬(Franz Martin Olbrisch)

* 독일어와 영어 표기 규칙 차이로 인해, 본문에서 두 언어가 함께 사용될 경우
　첫 글자는 대문자로 표기한다. (편집자 주)
* 책/단행본/저서의 제목은『』로, 잡지/논문은「」로, 음악 곡/미술 작품/사진 제목은
　" "으로 통일하여 표기한다. (편집자 주)

서문

사운드 아트(Sound Art) 또는 클랑쿤스트(Klangkunst)

오현주

사운드 아트(Sound Art) 또는
클랑쿤스트(Klangkunst)

오현주

하루는 슈테판 프리케(Stefan Fricke)에게 이렇게 물었다. "도 대체, 클랑쿤스트(Klangkunst)는 무엇이고 사운드 아트(Sound Art)는 무엇인가요?"

그리고 그는 이렇게 답했다. "사실, 그 어떠한 용어보다도 '예술'이 더 중요하죠."

2011년 음악과 미술 분야를 접목한 예술, 그 무언가를 하고 싶은 마음에 오른 독일행. 그 뿌리 중 한 곳인 독일에서 수많은 전시와 페스티벌을 다니며 체험한 사운드 아트. 그러나 이 분야에 대해 깊게 파고들면 들수록 / 이 씬의 아티스트로서 작업하면 할수록 / 다른 아티스트-작곡가들의 작품을 접하면 접할수록 / 이 질문에 대한 해답은 풀리지 않을 뿐이었다.

한국에서는 대체로 소리와 예술을 접목한 장르를 '사운드 아트'라고 부르며, 그 종류 또한 굉장히 다양한 스펙트럼 안에서 이뤄진다. 예를 들어, 여러 소리/음을 기반으로 한 실험적인 작곡 또한 사운드 아트일 수 있으며 이에 따른 비디오 아트를 동시에 선보이는 것 또한 같은 개념이 될 수 있다. 즉, 청각 중심의 실험적인 예술 형태나, 시각과 청각의 두 감각에서 인지할 수 있는 예술 등 다양한 형태를 지니고 있다. 그렇기에 아티스트들이나 행사 주최자들의 예술적 뿌리에 따라 방향성이 크게 나뉘는 현상 또한 볼 수 있으며, 이로 인해 용어 사용이 과도하게 이루어지는 듯한 인상을 받을 수도 있다.

어찌되었건 한국에서 사용하는 이 개념 '사운드 아트'는 국제적으로 사용되는 용어이자 자연스럽게 한국에 정착될 수

있는 개념이기도 하다. 그러나 사운드 아트의 본거지 중 하나
이자 활발한 씬을 가진 독일에서 본 클랑쿤스트의 기준은 나
에게 좀 더 까다롭게만 느껴졌고, 그렇기에 이 용어와 장르의
본질부터 다시 파악하고 싶었다. 이는 분명, ‘사운드 아트’와
는 다른 성질을 띄기 때문이다. 그리하여 나온 질문 중 하나,
클랑쿤스트(Klangkunst)는 도대체 무엇인가.

　　이 책의 본문에서 네 명의 아티스트와 한 명의 음악학
자 모두에게 이와 같은 질문 또는 맥락의 질문을 던진다. 그
러나 이 부분을 살펴보기에 앞서, 한국 독자에게 낯선 용어
인 클랑쿤스트에 대한 (명확한/임의적) 해석이나 번역의 제시
가 필요하다고 생각한다. 클랑쿤스트는 ‘클랑’(Klang)과 ‘쿤스
트’(Kunst)의 합성어이며, 쉽게 말하자면 ‘소리’와 ‘순수예술’
이 합쳐진 개념이다. 그러나 여기서의 ‘클랑’(Klang)은 정확한
한국어의 번역이 사실상 불가능하다고 본다. 이는 영어의 ‘사
운드’(sound)와도 다르며 ‘소리’ 또한 정확한 번역은 아니다.
이 개념의 일부에는 ‘음조’(音調) 또는 ‘톤’(tone)과 같은 음악적
감각 또한 포함되기 때문이다. 그러므로 나는, 용어 ‘클랑쿤스
트’를 ‘소리+음 예술’이라고 말하고 싶다. 그러나 이러한 번역
은 ‘클랑쿤스트’의 언어적 측면에서 바라보았을 때의 해석이
지, 사실상 이의 현상을 명확히 보여주는 것은 아니다. 이 분
야에서 ‘클랑쿤스트’를 바라보았을 때 가지는 의미를 ‘사운드
아트’와 비교하자면, 상대적으로 구체적이면서 명확하고 보
다 좁은 범주성을 가진다. ‘사운드 아트’는 소리와 관련된 여

러 장르의 예술 형태를 의미할 수 있다면, 그리고 관점의 포용도가 보다 넓은 개념에 속한다면, '클랑쿤스트'라는 장르는 소리와 관련하여 좀 더 설치적이거나 건축적이며 공간-연결성을 함께 지닌다. 명확하게는 시각과 청각의 감각을 공간 내에서 고르게 합쳐진 예술 형태로 보면 좋을 것 같다. 그러나 앞서 말했듯, 이 두 개념 또는 '클랑쿤스트' 용어를 정의 내리기에는 한계가 있으며, 우리가 예술을 감각으로 느끼듯 이 정의 또한 모든 것이 설명될 수 없기에 이를 임의적으로만 받아들여도 된다. 왜냐하면, 슈테판 프리케의 대답처럼, 이러한 '용어'보다는 예술 작품과 예술적 경험에서 비롯한 '현상', 즉, '예술'이 더 중요하기 때문이다.

이러한 이유에서 나와 슈테판 프리케는 클랑쿤스트 분야 또는 클랑쿤스트와 얽혀진 맥락 안에서 독자적인 포지션들을 가지는, 그리고 이 현상과 장르에 대한 각자의 관점을 가지고 있는 네 명의 아티스트와 전문가에게 직접 물어보기로 했다.

베른하르트 라이트너(Bernhard Leitner, *1938, 오스트리아), 크리스티나 쿠비쉬(Christina Kubisch, *1948, 독일), 아놀드 드레이블랫(Arnold Dreyblatt, *1953, 미국), 프란츠 마틴 올브리쉬(Franz Martin Olbrisch, *1952, 독일) 그리고 헬가 드 라 모테-하버(Helga de la Motte-Haber, *1938, 독일)

우연히도 이 다섯 명의 인터뷰이들은 베를린이라는 도시와 연결되어 있다. 크리스티나 쿠비쉬, 아놀드 드레이블랫, 프란츠 마틴 올브리쉬. 이 세 명은 베를린에서 태어나고 자란 것은 아니나, 오랫동안 그곳에서 거주해 왔다. 이들은 여러 가지 이유에서 한때 분단되었던 도시의 서부로 1970년대와 1980년대에 이주했다. 1989년 장벽이 무너지고 통일된 후, 베를린은 가장 중요한 국제 사운드 아트 중심지 중 하나로 빠르게 발전했으며, 그렇기에 이들의 활동지 또한 베를린 중심이 된 것이 아닐까 한다. 베른하르트 라이트너 역시 1982년부터 1986년까지 서베를린에 거주하며 여러 곳에서 작업 활동을 해왔다. 특히, 1984년 베를린 공과대학교(Technische Universität Berlin) 내부 중 7x7x4 미터 크기의 공간을 활용하여 42개의 스피커 설치물 "Ton-Raum"(톤-스페이스, 1984)을 구현하였는데, 이는 영구적이며 공공미술 성격을 가진 클랑쿤스트로, 하루 중 특정 시간대에만 인지할 수 있는 소리의 비물질적 건축물 경험을 제공한 작품이다. 그 밖에도, "Atmender Raum"(숨쉬는 공간), "Zuckender Raum"(경련하는 공간), "Wogender Raum"(물결치는 공간), "Gekneteter Raum"(반죽되는 공간), "Verwehter Raum"(흩날리는 공간)등 여러 청각적 공간 설치물을 선보였다. 베를린과 관련된 또 다른 인터뷰이로 음악학자이자 심리학자인 클랑쿤스트 전문가 헬가 드라 모테-하버가 있다. 그녀는 베를린 공과대학교에서 수년간 시스템 음악학 교수로 학생들을 가르쳤으며, 다른 학자들과는 달리 클랑쿤스트와 사운드 아트를 연구하고 이 예술을 대중화하는데 굉장히 헌신적으로 노력해 온 인물이다.

이 책의 시작은 서문의 첫 문장과 같이 장르의 정의와 현상에 관한 질문에서 출발한 것이다. 그러므로 미술/음악사학 측면에서 역사적 나열로 시작하는 것이 아닌, 이에 관한 기존의 접근법과는 다른 차별성을 두고자 했다. 예술 전체에서 상대적으로 짧은 역사를 가진 이 분야는 당연히 그의 아티스트와 전문 큐레이터의 비율 또한 현저히 낮다. 그리고 이를 (한국에서) 전문적으로 접하며 배울 수 있는 기회 또한 흔치 않다. 인터뷰어인 나와 슈테판 프리케는 아티스트이자 이 분야의 현장에서 활동하는 종사자로서, 앞서 이 길을 걸어오고 클랑쿤스트 또는 사운드 아트의 현상이 자생적으로 피어나도록 기여한 그들에게 직접 물어보는 것이 우리가 이를 더 쉽게 이해할 수 있는 방법이라 생각했다. 또한 그들의 이야기들에서 역사책 보다도 더 생생하게 당대 사운드 아트의 동향과 발자취를 살펴볼 수 있을 것이라 믿었다.

곧 이들과의 만남에 앞서 우리의 인터뷰에 응해주신 다섯 분께 감사드리며, 모든 감각으로 소리를 느끼는 클랑쿤스트 (Klangkunst)에 대한 그들의 이야기를 이제 시작하고자 한다.

1

저는 종아리보다 무릎을 통해
소리를 더 잘 듣죠.

베른하르트 라이트너

베른하르트 라이트너 / Bernhard Leitner

1938년 오스트리아 포랄베르크주의 펠트키르히(Feldkirch, Vorarlberg)에서 태어나 티롤주의 수도인 인스브루크(Innsbruck, Tirol)에서 유년시절을 보냈다. 1956년부터 1963년까지 비엔나 국립공과대학(Technische Universität Wien)에서 건축학을 공부했으며, 디플롬 학위 취득 후 파리에서 3년간 파리의, 그 이후 비엔나의 건축사무소에서 근무했다. 1968년 뉴욕으로 이주하여 1969년부터 1971년까지 뉴욕시 도시계획국에서 도시 디자이너로 활동했으며, 1972년, 뉴욕대학교(New York University)에 부교수로 임명되어 1981년까지 강의 활동을 이어갔다. 1982년부터 4년간 베를린(서독)에서 예술가로 활동했으며, 1987년 비엔나 국립응용예술대학교(Universität für angewandte Kunst Wien)의 크로스 미디어 아트학과 교수로 임명, 2005년까지 학생들을 가르쳤다. 그는 현재 비엔나와 니더외스터라이히주 가인도르프(Gaindorf, Niederösterreich)에서 작업하고 있으며, 1993년에 옛 제분 공장을 개조한 대형 스튜디오와 건축가이자 조명 디자이너인 그의 아들 루카스 라이트너(Lukas Leitner)와 함께 실험 및 전시 공간인 '톤라움할레'(Ton-Raum-Halle)를 2022년에 구축했다. 베른하르트 라이트너는 2016년부터 독일연방국 예술진흥기관인 독일예술원(Akademie der Künste)의 위원으로 임명되어 활동 중에 있다.

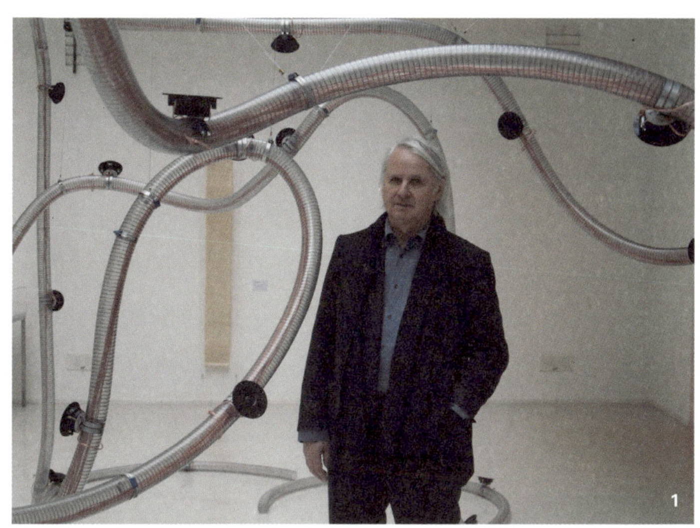

슈 – 베른하르트 라이트너 작가님, 당신은 사운드 아티스트인가요?

제 작업의 초점은 공간-사고(Raum-Denken/Space Thinking)와 공간-창조에 있으며, 사운드는 제가 그것과 함께 공간을 작곡하고 구축할 수 있는 재료이자 매개체입니다. 이런 점에서 '사운드 아티스트'(Klangkünstler)라는 단어는 제 작업에서 너무 근시안적인 표현입니다. 그러나 '음조 예술가'(Ton Künstler/Tone Artist)라는 용어는 이미 19세기에 매우 흔히 사용되었죠. 저는 종종 제 자신을 '사운드 스페이스 아티스트'(Ton-Raum-Künstler/Sound Space Artist)[1]라고 표현합니다. 우리는 용어의 인플레이션으로 인해 약간의 고통을 겪고 있죠.

1
베른하르트 라이트너(Bernhard Leitner)
비엔나 게오그 카글 미술관(Georg Kargl
Fine Arts Vienna)에서 전시된
"Serpentinata" 작품 앞에서, 2011

사진: 피오나 리베어(Fiona Liewehr)

[1] 베른하르트 라이트너는 독일어로 'Ton-Raum'이라는 컨셉을 내세웠다. '음/음조'를 뜻하는 독일어 'Ton'은 영어로 'Tone'으로 번역될 수 있으나, 영어권 음악씬에서 일반적으로 사용되는 표현용어는 아니다. 이 점을 고려해, 베른하르트 라이트너는 당시 영어권이나 국제무대에서 자신의 작품을 소개할 때는 'Sound Space'로 컨셉을 제시해 왔다.

슈 - 그렇지만 작곡가도 아니죠?

청각의 표현이 음악 외에 다른 방식으로 설명될 수 없는 문화권에서라면 저는 작곡가 일 수 있겠죠. 하지만 그것이 꼭 음악이어야 한다는 의미는 아닙니다. 존 케이지와 이 분야의 많은 창의적인 사람들 덕분에 우리는 훨씬 더 예민해졌습니다. 제가 작곡가인지 아닌지는 저에게 그다지 중요하지 않습니다. "사운드로 작업을 하나요? 음악을 만들죠? 당신은 음악가인가요?", "당신은 화가인가요?", "화가가 아니라면 조각가일까요?"

결국 언어적 용어는 매우 제한적입니다. 하지만 서로 합쳐지고 연결되는 오늘날의 미디어가 이러한 분류 체계와 서랍화식의 사고를 사라지게 할 것입니다. 예술에 대한 지식이 곧바로 특정 영역에 고정되어 버렸던 교육 문화의 잔재는 없어질 것입니다. 모두에게 그리고 제 작업에서도 요구되는 것은 더 이상 새롭지 않고 선험적인 분류에 대한 경계와 범주화할 수 없는 작업들에 대한 독립적이고 책임감 있는 접근 방식입니다.

슈 - 1956년부터 1963년까지 비엔나 공과대학교에서 건축학을 공부하셨죠. 그래서 당신은 건축가라고 할 수도 있겠습니다.

네, 그럴 수 있죠. 그러나 건축가로만 저를 규정한다면 사운드뿐 아니라 제 건축에도 존재하는 음조 언어(Ton-Sprache)

와 사운드의 모든 요소도 사라지게 됩니다. 소리와 건축, 조각, 오브제를 사용하여 개발하는 제 작업의 기본 아이디어는 전통적인 건축 개념을 넘어서는 것이라고 생각합니다.

슈 – 하지만 건축 공부를 하지 않으셨다면 1960년대에 지금의 자리에 오르지 못하셨을 것입니다.

그렇죠. 건축을 다루는 것은 결국 공간을 다루는 일입니다. 하지만 건축은 여러 가지 면에서 제 감각을 열어주었습니다. 예를 들어 건축은 앉을 수 있는 오브제, 기댈 수 있는 오브제에서 시작해 공간으로, 사회적 상호작용으로, 그리고 도시로, 더 큰 집단의 사회학적, 정치적, 경제적 맥락으로 이어집니다. 여기서 건축은 중요한 '틀'(Rahmen/Frame) 역할을 합니다. 가구 제작부터 도시 계획에 이르기까지, 예전에는 건축을 이러한 관점에서 연구되었습니다. 요즘은 그 영역이 훨씬 더 좁게 정의되고 세분화되어 있죠. 건축 전공은 제 작업에 결정적인 영향을 미쳤습니다. 즉, 아이디어를 찾는 과정이나 그 과정에서 이미 모자이크의 중요한 조각이 된 셈이죠. 비엔나에서 건축을 공부할 때 소리와 음악(클래식 음악, 재즈, 무엇보다도 1950년대와 1960년대의 음악을 듣고 보는 것)에 대한 관심이 특별한 호기심을 키웠습니다.

1965/66년에 작곡된 이아니스 크세나키스(Iannis Xenakis, 1922-2001)의 "객석에 배치된 88명의 뮤지션을 위한 테레텍토르(Terretektorh)"를 지금 다시 들었을 때, 음악으로 인지했

던 예전과는 달리 그 곡을 더 공간적으로 느끼게 됩니다. 백미러를 통해 다시 돌아본다면 마우리시오 카겔(Mauricio Kagel, 1931-2008), 칼하인츠 스톡하우젠(Karlheinz Stockhausen, 1928-2007), 루이지 노노(Luigi Nono, 1924-1990)의 곡들에서도 마찬가지입니다. 스톡하우젠의 경우, 연속적 작곡 기법에 공간을 또 다른 매개변수로써 추가하고자 했는데, 이러한 공간 실험을 순전히 음악적 구성/작곡 관점에서 들여다보는 것은 제게 그리 흥미롭진 않았습니다. 반면, 잡지 「Die Reihe」[2]에 실렸던 톤(Ton/Tone) - 공간적인 화음회전의 그래픽 / 반사, 반등, 전개선이 결합된 그래픽 / 크로매틱 퀀트 변환, 톤 그리드 및 축 변환 그룹의 그래픽들은 이론적으로 매우 복잡하면서도 복합적인 접근법을 보여주었는데, 저는 이러한 음악적 기하학을 소리음공간(klangräumlich)의 구조/아키텍처로 읽었습니다. 이와 같은 접근 방식은 굉장히 고무적이었죠. 제가 무용으로 접근한 것 또한 비슷한 맥락입니다. 몸짓에서 춤은 한 사람 또는 여러 사람의 신체 언어를 공간으로 번역하는 것으로 이해될 수 있습니다. 엄격한 클래식 페티파 안무는 춤추는 건축과도 같습니다. 그것은 움직이고 열어지며 달혀지는 공간들의 시간형상(Zeit-Gestalt)인 거죠. 좁은 공간, 넓은 경계들, 회전하는 신체들로 하나의 통로가 또는 사선이 형성됩니다. 조르지 발란신(George Balanchine, 1904-1983)의 안무 상당수는 이렇게 읽을 수 있습니다. 제스처가 공간을 드로잉 하고 공간을 설계하여 공간이 되는 것이죠. 궁극적으로 이것은

[2]   음악 출판사 〈Universal Edition Vienna〉(유니버설 에디션 비엔나)의 헤르베르트 아이머트(Herbert Eimert)가 칼 하인츠 스톡하우젠(Karlheinz Stockhausen)과 협력하여 편집한 간행물. 1955년-1962년 동안 총 8호를 출간했다.

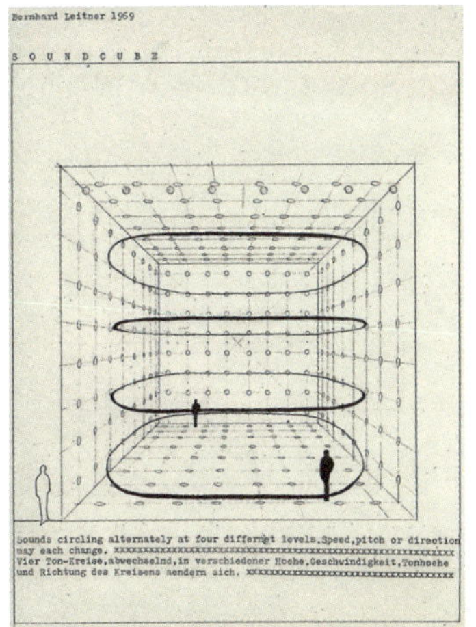

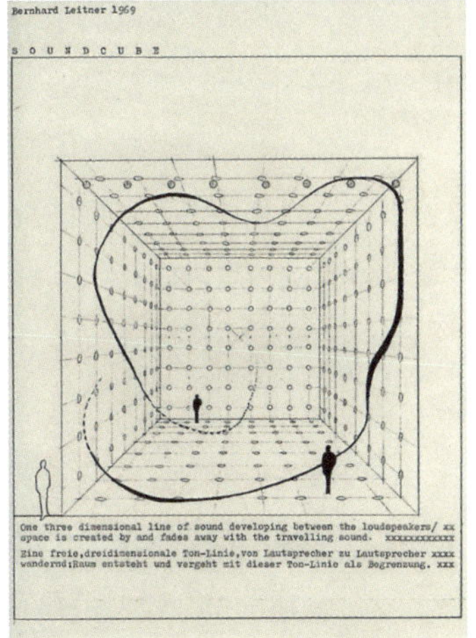

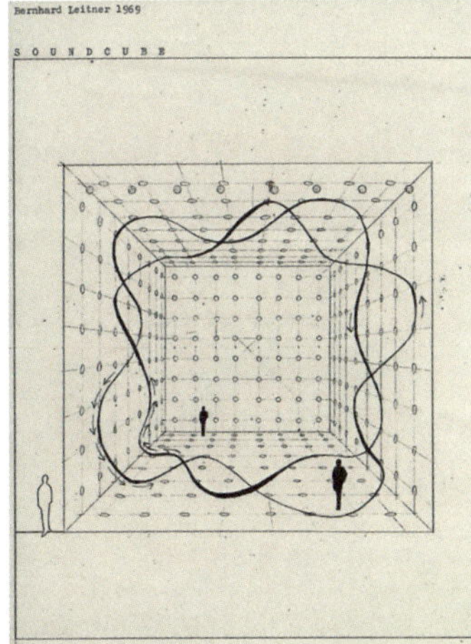

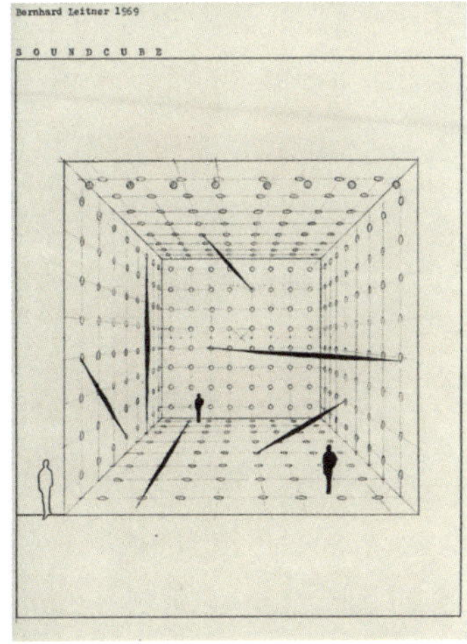

베른하르트 라이트너(Bernhard Leitner), "Soundcube"(1969), 드로잉

사진: 아뜰리에 라이트너(Atelier Leitner)

머스 커니햄(Merce Cunningham, 1919-2009)의 안무에도 적용됩니다. 호기심과 예술적 탐구에서 비롯된 이러한 여러 관심사들이 제 뇌와 신체의 기억 속에서 어떤 방식으로든 결합되고 중첩되어 스며들었고, 1960년대 후반 어떤 예측할 수 없는 순간에 톤/사운드(Ton/Sound)를 재료로 삼아 공간을 만들자는 아이디어가 떠올랐습니다.

오 - 우리는 모두 어머니의 자궁에서부터 피부를 통해 소리를 감각하죠.

그렇죠. 피부는 투과성 막입니다. 우리는 피부가 양방향으로 얼마나 많은 것을 허용하는지, 이를 과소평가합니다. 피부는 우리를 닫아두지 않습니다. 그것은 열려 있죠. 빛, 온도, 음향은 모두 피부에 중요합니다. 자궁에 있는 태아의 청각은 아주 일찍부터 발달하죠. 주변의 모든 소리를 듣게 됩니다. 이미 모든 능력을 갖추고 있죠.

오 - 어린 시절 기억에 남는 음향적 공간이 있을까요?

바로 말할 순 없을 것 같습니다. 물론 어린 시절 전체가 제겐 음향적 공간이었습니다. 문제는 얼마나 의식적으로 주변 환경을 흡수하는가 이겠죠. 흥미로운 점은 의식적으로 흡수하는 것과 무의식적으로 흡수하는 것 사이에 있습니다. 이는 앞으로의 제 작업에도 계속 적용되겠고요. 저는 이미 많은 것들을 무의식적으로 받아들였다고 봅니다. 어떤 방식으로든 공간이나 음악적인 것들이 제 몸에 자리 잡고 있었을 겁니다. 그러다 이들이 하나의 다른 배열, 구성 또는 다른 연결망 안에서의 또 다른 아이디어나 또는 완전히 다른 작품으로 이지기도 했죠. 저는 산악 지역 출신이기에 어린 시절에는 음향적인 공간뿐만 아니라 여러 많은 공간을 경험했습니다.

슈 - 오스트리아의 티롤은 산이 많은 것이 특징인 지역입니다. 부모님 집에 특별한 음향 시설을 갖춘 방이 있었나요?

그런 건 아닙니다. 하지만 저희 가족에게는 음악적인 측면이 있죠. 어머니는 프로 성악가이자 소프라노이셨고 집에서 음악을 많이 연주했습니다. 그래서 저는 오스트리아 전통(브람스 전통이 아닌 브루크너 전통)에서 음악에 대한 호기심과 인식을 가지고 자랐어요.

저는 인스브루크 심포니 오케스트라의 연주 마이스터였던 굉장히 좋은 선생님께 몇 년 동안 바이올린 레슨을 받았었고, 그 후 피아노 레슨도 받았었습니다. 형과 함께 루마니아와 헝가리 민요를 바탕으로 한 매우 단순하지만 굉장히 정교한 아름다운 곡, 베라 바르톡(Béla Bartók, 1881-1945)의 "44 Duos for two Violins"(두 대의 바이올린을 위한 44개의 이중주)를 연주했죠. 하지만 저는 바이올린과 피아노를 그리 오랫동안 하진 않았습니다. 그럼에도 이런 악기를 조금은 이해했었고, 그 후 사운드 스페이스(Ton-Raum/Sound Space) 작업들을 하는 데에 도움이 되었죠.

슈 – 작가님의 사운드 스페이스(Ton-Raum/Sound Space)는 어떻게 제작되나요?

원래 아이디어는 건축 스케치에서 직접적으로 도출된 것이었습니다. 선을 일련의 점으로 정의하고 각 점을 소리의 원천으로 생각했죠. 눈으로 볼 수 있게끔 연필로 선을 그렸고요. 그 사운드 라인(Ton-Linie/Sound Line)들은 귀를 위한 것 – 즉, 듣기 위한 것이 되었습니다. 작업 초창기를 예로 들자면 : 저는 20개의 스피커를 게이트처럼 배열하여 오르막과 내리막의 형상으로 음조/소리-성문(Ton-Tor)의 초안을 잡았었죠. 처음에는 고전적인 방식의 성문 구조물을 스케치했지만, 점점 이에 따른 사운드 라인을 상상하기 시작했습니다. 초기 이론적 고려와 개념들은 이러한 사운드 라인 스페이스(Ton-Linie-Raum/Sound Line Space)의 다양한 구성과 실험 배열을 통해 청각적, 경험적으로 연구되었죠.

그러나 3차원적으로 움직이는 톤/사운드 라인을 통한 공간 형성은 이를 소리를 통해 구성하고 건설하는 수많은 가능성 중 하나에 불과합니다. 1982년 카셀에서 열린 〈documenta 7〉(도큐멘타 7)의 "Ton-Würfel"(사운드 큐브)에서 프로그램 일환으로 선보인 작품 "Gekneteter Raum"(반죽된 공간)에서는 청취자/관객이 마치 반죽된 덩어리 안에 있는 것과 같은 공간을 경험하게 됐죠.

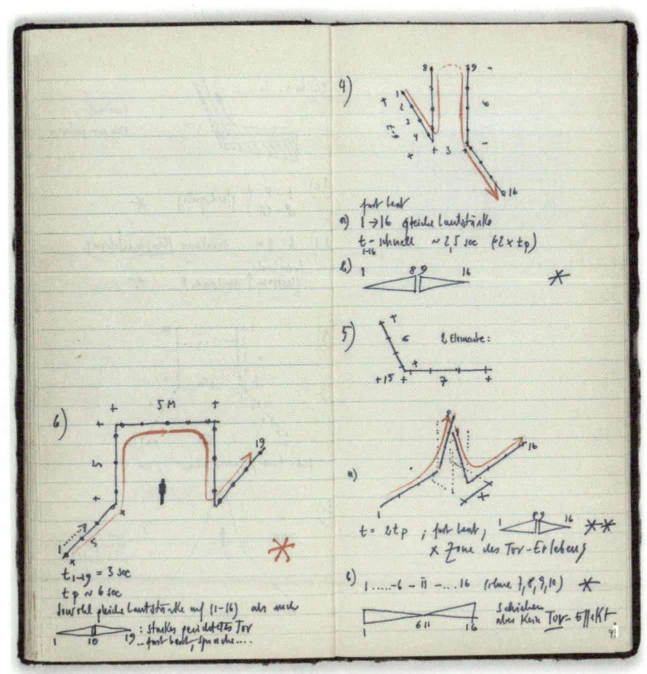

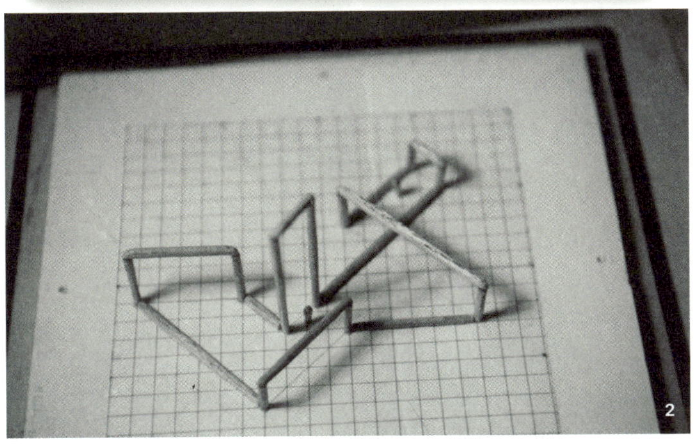

1
베른하르트 라이트너(Bernhard Leitner),
"Ton-Tor"(1971), 스케치

2
베른하르트 라이트너(Bernhard Leitner),
"Ton-Tor"(1971), 모델링

사진: 아뜰리에 라이트너(Atelier Leitner)

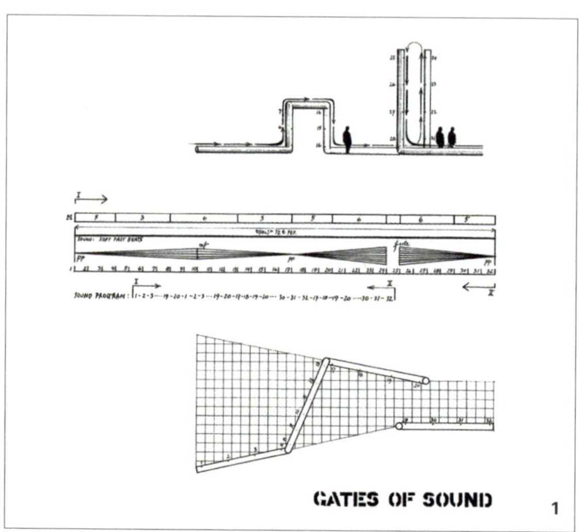

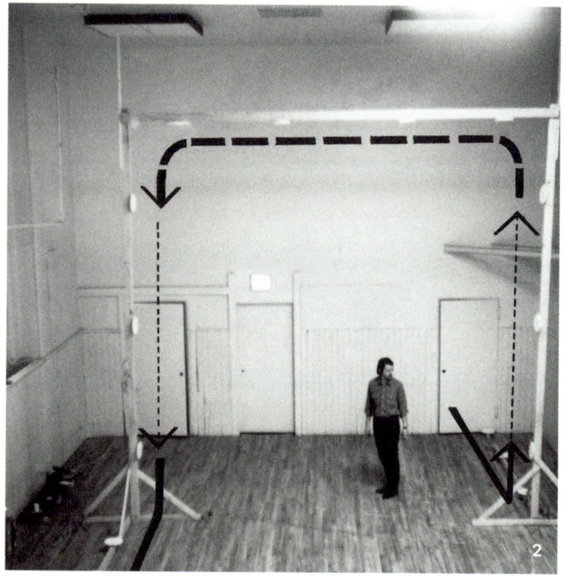

1

베른하르트 라이트너(Bernhard Leitner),
"Ton-Tor"(1971), 스케치

사진: 아뜰리에 라이트너(Atelier Leitner)

2

베른하르트 라이트너(Bernhard Leitner),
"Ton-Tor"(1971), 설치 전경 및 소리 흐름
드로잉, 아뜰리에, 뉴욕(New York)

사진: 아뜰리에 라이트너(Atelier Leitner)

깊은 음들의 세 종류의 움직임은 서로 매듭지게 되면서 얽히고 섥켜져 공간이 반죽됩니다. 더 이상 외피가 아닌 선형으로 표시되는 거죠. 경계선이나 표면이 아닌 스스로 관통하는 음향적 움직임입니다. 시각적 영역에는 존재하지도, 존재할 수도 없는 완전히 새로운 공간이 만들어지는 거죠. 청각 영역에서 우리는 동시에 다른 경계를 들을 수 있고, 동시에 다른 음계를 들을 수 있습니다. 이러한 공간의 조건과 개념은 시각적 공간에서 바라보는 것과는 매우 다릅니다.

그렇게 진동 필드와 공명 표면을 이용한 작업이 시작된 거죠. 다른 예로 대형 "Tuba-Architektur"(튜바 아키텍처, 1999)를 들 수 있는데요. 이 작품에는 산업적으로 제작되어 압연된 3밀리미터 두께의 금속 패널 60개가 자유롭게 매달려 통로와 같은 건축물의 벽을 형성합니다. 이들의 각 패널 중앙에 자석으로 부착된 스피커가 강철 표면을 진동시켜 깊은 튜바 소리를 재현하죠. 평행하게 매달린 금속 패널과 상호 반사되는 진동장 사이의 폭 75cm 공간에 음향적으로 두터운 구역이 이뤄지고, 이는 응축된 공간으로 경험됩니다. 이 음향적 공간은 몸을 관통하여, 청취자/관객의 신체 내부 깊숙한 곳에서 드러납니다. 그리고 그 공간이 바로 '나'가 되는 거죠.

다른 작품은 사운드 프로젝션과 관련이 있습니다. 아무런 소리도 없는 곳에서 소리가 나타나는 것입니다. 음향적 공간에 대한 제 작업의 연장선상에 있게 됩니다. 18세기의 음향학 관련 서적에서 읽을 수 있듯이, 오래된 건축에서는 특정

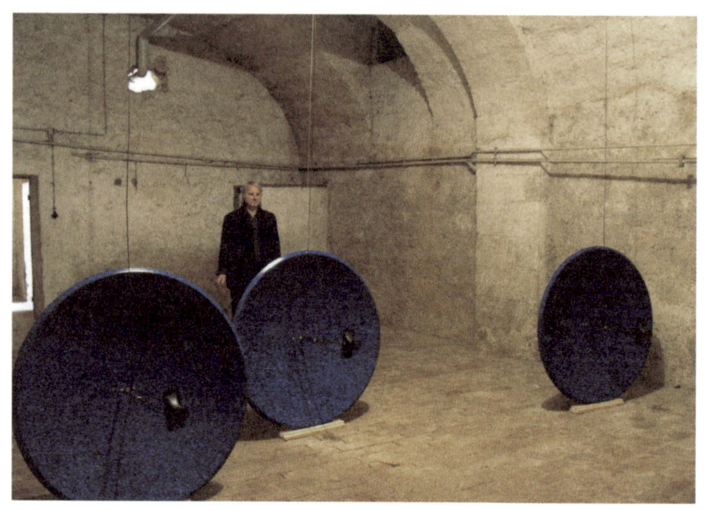

모양, 곡선, 단단한 재료, 매끄러운 내부 라이닝이 있는 배관을 사용하여 소리를 전달하고, 반사하고, 묶고, 확산시킬 수 있다는 인식이 있었습니다. 이러한 지식과 자연스러움은 이제 대부분 사라졌죠. 아이디어를 탐구하는 과정에서 이를 통해 여러 작품이 나온 겁니다. 또 다른 예로 2003년 도나우에싱엔 현대음악제(Donaueschinger Musiktage)에서 선보인 작품 "Klang-Strahlen"(클랑-슈트랄렌)이 있습니다. 바닥에 설치된 세 개의 포물선 접시에서 소리가 모아져 7미터 떨어진 벽으로 전달되었고, 이는 마치 움직이는 제스처 사운드 현상처럼 세 개의 채널을 통해 벽으로 투사되었죠. 벽면에서 울리는 소리가 귀로만 인식되는 것이 아닌 눈으로도 인식되고, 특히 촉각적인 호기심을 자극한다는 사실에 매력이 생겨났던 겁니

베른하르트 라이트너(Bernhard Leitner), "Klang-Strahlen"(2003), 설치 전경, 도나우에싱엔 현대음악제(Donaueschinger Musiktage), 도나우에싱엔(Donaueschingen), 2003

사진: 아뜰리에 라이트너(Atelier Leitner)

다. 많은 사람들이 벽에 다가가 그곳에서 나오는 소리를 만지고, 파악하고, 이해하려고 했습니다. 청각의 세계는 촉각의 세계이기도 한데요, 청각과 귀의 동일시로 인해 종종 간과되는 경우가 많습니다. 제 작업에서 음향 촉각은 매우 중요한 역할을 합니다. 귀는 경이로운 감각기관이자 훌륭한 작품이지만, 우리는 피부, 뼈, 골관, 뼈 구조의 단단한 판, 막, 구멍, 관을 통해서도 소리를 듣습니다. 물리적인 소리 압력에 의해 신체적으로 접촉되고 그 압력이 몸 안에서 전달되는 것은 청각의 본질적인 부분이죠. 살과 근육의 보호층이 있는 사람은 보호층이 상대적으로 적은 연약한 사람과는 다르게 듣습니다. 저는 종아리보다 무릎을 통해 소리를 더 잘 듣죠.

오 - 앞서 언급하신 "Tuba-Architektur"(튜바 아키텍쳐)와 어느 정도 유사성이 있는 작품인 "Pulsierende Stille"(맥동하는 침묵, 2008)은 철제 패널 두 개로만 이루어져 있어 마치 거대한 침묵의 청취실 안에 있는 듯한 느낌을 자아냅니다. 작가님에게 침묵은 어떤 의미인가요?

매우 광범위한 질문이네요. 그렇지만 여기에 아주 잘 맞는 경험이 방금 떠올랐습니다. 제가 다섯 살 때였죠. 저희는 인스부르크 근처의 할아버지 댁에 살았습니다. 마을은 보통 오후가 되면 조용하죠. 어느 날 한 번은 어느 농가에 들어갔어요. 문이 모두 열려 있었는데 그 안엔 정말 믿을 수 없을 정도의

고요가 위엄있게 감도는 방이 하나 있었습니다. 침묵의 현상을 처음으로 인지한 곳이 바로 거기였죠. 당신이 방에 들어선다고 생각해 보세요. 모든 것이 열려 있습니다. 안으로 들어갈 수도 있고, 밖으로 나갈 수도 있습니다. 그러나 주변엔 아무도 없죠. 그건 정말 절대적인 침묵입니다. 거기에 매료되었던 거죠. 물론 그 외에도 고요함/침묵은 음향 작업에서 항상 휴식과도 같습니다. 제 작품인 "Pulsierende Stille"(맥동하는 침묵, 2008)는 실제로 이를 활용한 작품입니다. 문도 없고 창문도 없는 방에 들어섭니다. 그런데 갑자기 피부에서 멈추지 않는 매우 좁은 음향적 공간에 놓이게 됩니다. 이렇듯 음향 공간이 몸의 공간을 침범한다는 사실이 항상 저를 매료시켰죠. 이는 작품 "Pulsierende Stille"(맥동하는 침묵, 2008)에서 분명히 나타납니다. 한 걸음을 내디며 그 공간에 들어서고, 다시 한 걸음을 내디며 밖으로 나가게 되면 방금 경험한 것과 방금 들은 것을 잠재우고 호기심을 일깨우는 일종의 침묵이 흐르는 겁니다. 뇌는 다시 시작할 수 있다는 거죠. 음악에선 무음의 휴지(休止)라는 작곡 부분에 이러한 기능이 있다고 생각합니다. 침묵은 매우 핵심적인 요소입니다. 실제로 침묵이 없는 음향 작업은 불가능합니다.

슈 - 방금 '클랑'(Klang, 소리음)보다는 '톤/사운드'(Ton/Sound)로 더 많이 작업한다고 말씀하셨습니다. 그럼에도 불구하고 지금까지 대화에서 '톤/사운드'라는 단어

보다 '클랑'이라는 단어를 더 자주 사용하셨습니다.

그건 우리의 언어적 용어 사용과 관련이 있습니다. 영어로 "I work with sound" (나는 사운드로 작업한다)고 하면, 그것은 내용적인 면에서 완전히 열려 있죠. 독일어로 "Ich arbeite mit Klang" (나는 소리음으로 작업한다)고 말할 때, 지난 200~300년 동안의 유럽-서양 음악 문화에서 클랑(Klang, 소리음)을 음악과 동일시하는 태도 때문에 많은 사람들에게는 이 말이 "Das ist ein Musiker" (그 사람은 음악가이다) 라는 뜻으로 받아들여졌습니다. 그렇기 때문에 저는 대부분 '클랑'(Klang, 소리음)이라는 단어를 피하고 '톤/사운드'(Ton/Sound)라는 단어를 사용했죠. 그러나 여기서 또 다른 혼동 가능성이 있죠. 독일어로 톤(Ton) 건축가는 양토/점토 건물을 전문으로 하는 사람을 말합니다. 사실 한 사회의 두뇌에서 무슨 일이 일어나고 있는지, 언어를 통해 드러나게 되죠. 특히 클래식 음악의 전통을 계승하는 사람들에게는 클랑(Klang, 소리음)=음악이라는 개념이 적용되거든요.

슈 - 작가님의 톤-쿤스트/사운드 아트(Ton-Kunst/Sound Art)는 이러한 조건에 반대하시나요?

아닙니다. 단순히 자신의 포지션을 가늠하기 위해 이 전통을 완전히 반대하는 것은 적절하지 않다고 생각합니다. 다만 이러한 종류의 인식의 행복감을 주는 음악소비로부터 어느 정도 거리를 두는 것이 필요합니다.

슈 - 하지만 1975년 첫 번째 버전이 만들어진 "Ton-Liege"(톤-리게) 작품에도 즐거움을 전달하고 몸의 건강을 위한 어쿠스틱 웰빙 악기가 아닌가요?

사실 그건 "Ton-Liege"(톤-리게) 작업을 아주 단순히 바라본 시각이죠. 몸을 통해 인지하는 청각 기능에 대한 연구는 저에게 중요한 경험이었고, 또 그 당시에 사람들은 지금보다 신체에 관해 많은 이야기를 나누기도 했지요. 청각 실험을 통해 귀로만 듣는 것이 아닌 발바닥과 가슴 그리고 머리끝인 정수리로도 들을 수 있다는 것을, 내 주변에서 소리가 맴도는 것이 아닌, 몸 위나 그 아래에서 아치형 형태로 흔들리는 것이 아닌 음향 경계가 몸 자체를 통과한다는 것을, 그리고 몸을 통해 공간들이 움직인다는 것을, 안과 밖이 완전히 다른 의미를 갖는다는 것을. 이들을 발견했을 때, 저는 청각적 공간 형성이 시각적 공간 형성과 비교했을 때와는 달리 물리적으로 얼마나 다른 방식으로 접근해야 하는지를 알게 되었습니다. 이 깨달음을 바탕으로 "Ton-Liege"(톤-리게)와 같은 오브제를 제작했습니다. 다리 아래쪽 스피커와, 상체 부분에 두 번째 스피커를 설치한 'Deck-Chair'에 누워 있을 수 있죠. 여기 두 스피커 사이에서 깊은 호른과 첼로 소리가 오갑니다. 이러면 신체 내부에서 소리를 듣게 되는 것이고, 자신의 몸이 하나의 내부의 음향적 공간이 되어 소리 흐름을 듣는 거죠. 이것은 제게 굉장히 놀랍고 매혹적이었습니다.

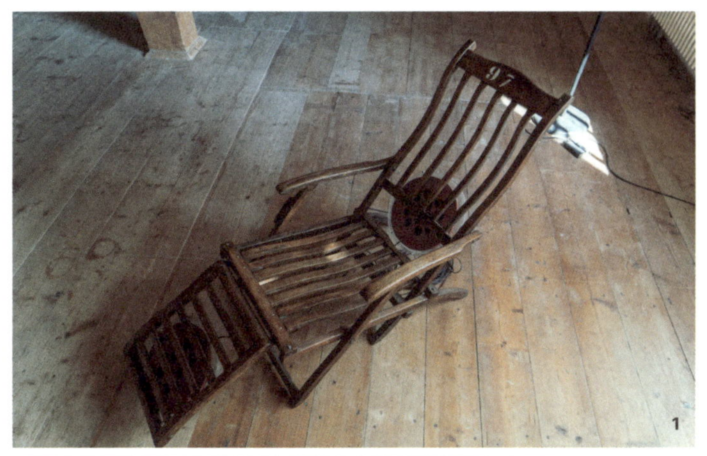

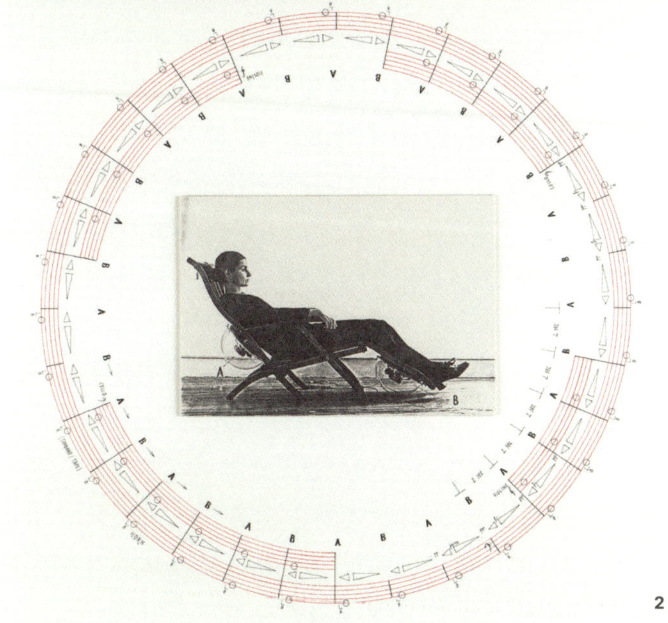

1
베른하르트 라이트너(Bernhard Leitner),
"Deck-Chair"(1975), 아뜰리에 설치 전
경, 가인도르프(Gaindorf), 2023

사진: 오현주

2
베른하르트 라이트너(Bernhard Leitner),
"Deck-Chair"(1975)을 위한
악보 및 그래픽, 1976

사진: 아뜰리에 라이트너(Atelier Leitner)

슈 – 지각, 자신의 신체와 그 가능성에 대한 직접적인 경험과 깨달음은 예술의 핵심적인 측면입니다. 소리가 발바닥에서 정수리까지, 그리고 다시 몸을 통해 흐르는 "Vertikal-Raum für eine Person"(한 사람을 위한 수직 공간, 1975)을 예로 들어볼 수 있을까요?

1970년대 초반에 한 사람을 위한 사운드 스페이스 오브제(Ton-Raum-Objekt/Sound Space Object), 신체를 감싸는 오브제를 개발하기 시작했을 때 저는 '몸에 직접 부착한 여러 (독립적인) 스피커-소리점을 통해 무엇을 어떻게 듣게 되는가?', '소리의 움직임이 내 몸을 통과할 때 나는 무엇을 듣는가?', '누운 상태에서 바닥면 가슴 아래에서 시작하여 가슴을 통해 올라가는, 숨을 내쉴때 수직 양방향으로 흉부의 오르내림을 통과하는 이 소리를 어떻게 듣는가?' 와 같은 질문에 관심을 가졌죠. 일종의 지지대인 소리점 (바닥에 놓인 스피커 박스) 위에 서있고, 머리 위쪽 두 번째 소리원-스피커를 공간에 자유롭게 매달아 놓는 것은 이러한 기본적인 실험 과정에서 당연한 일들이었습니다. 그리고 그것이 1975년 2채널로 배치한 "Vertikal-Raum für eine Person"(한 사람을 위한 수직 공간) 작품이 된 거죠. 작품 "Vertikal-Raum für eine Person"(한 사람을 위한 수직 공간)은 디미누엔도(점점 여리게: >)로 역동적으로 올라가는 소리의 상향 진행은 일종의 도약/이륙과 같으며, 크레센도로 내려가는 하향 움직임에서 서있는 신체는 다리와 발을 지나 바닥면(땅)에 뿌리를 내리게 됩니다.

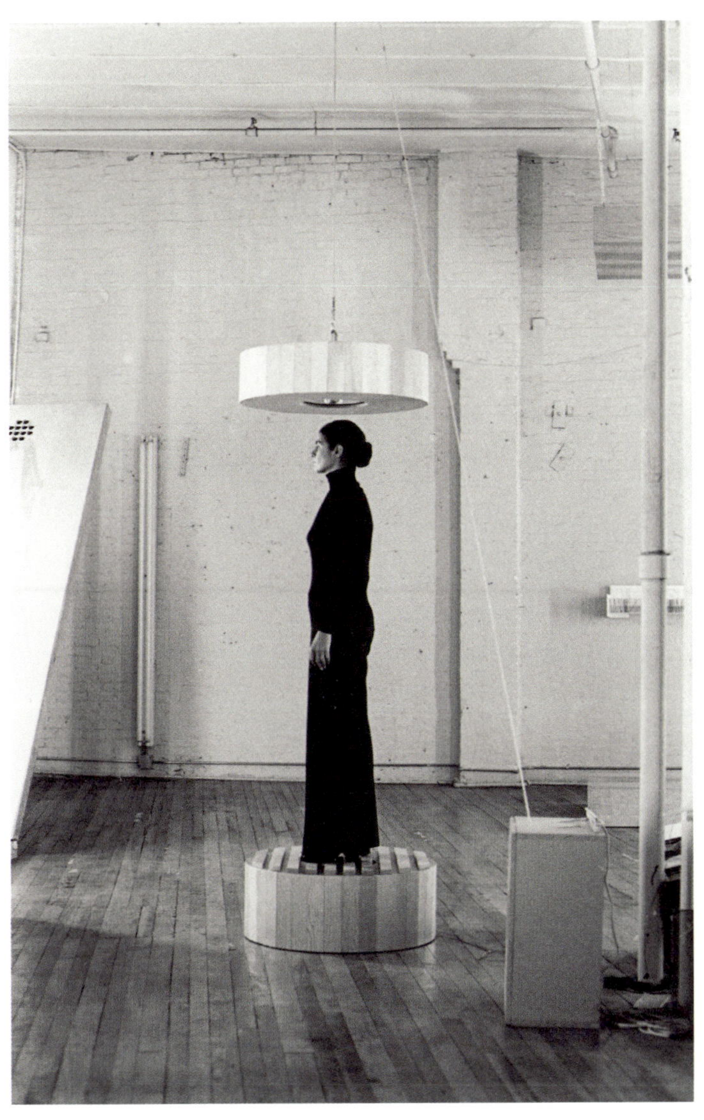

베른하르트 라이트너(Bernhard Leitner), "Vertikal-Raum I für eine Person"(1975),
아뜰리에 설치 전경, 뉴욕(New York)

사진: 아뜰리에 라이트너(Atelier Leitner)

이러한 수직적 청각은 저를 매번 매료시켰죠. 그러나 그
것이 물리학 책에서 말하는 "우리는 몸의 축을 따라 수직으
로 들을 수 없으며, 두개골 정수리의 뇌천(腦天)은 청각적, 공
간적으로 위치를 파악할 수 없다"는 주장과 다르다는 이유
에서만은 아닙니다. 우리는 움직이는 사운드 스페이스(Ton-
Raum/Sound Space) 안에서 위치를 파악해 들을 수 있습니다.
두 개의 서로 다른 톤이 머리 양쪽에서 대칭적으로 솟아올라
머리 중앙 위에서 정확히 만나는 경우를 봅시다. 청각의 뇌
(Hör-Gehirn)는 이 곡률의 정점을 정확하게 읽고 그 지점을 찾
을 수 있습니다. 소리의 움직임으로 형성된 공간에서 자신을
측정하는 것은 당연한 일은 아니죠. 이러한 청각은 계속해서
학습하고 확장되어야 하는 겁니다. 인간의 발달사 측면에서
우리는 눈이라는 시각 기관으로 집중해 왔습니다. 이는 사진
문화의 발달과도 어느 정도 관련이 있죠. 사진은 보여지고 출
판될 수 있습니다. 그러나 음향은 (물리적으로) 게시될 수 없고
실제 그 자리에서의 경험이 요구되죠. 청각적 경험을 전달하
는 유일한 방법은 직접적인 경험을 통해서입니다. 이것은 일
반적인 음향학, 특히 제 작업에 적용됩니다.

슈 - 따라서 작가님의 작업은 인류 생물학적 예술이라고
도 할 수 있겠네요.

제 작업은 '신체 음향을 듣는 방법', '공간에서 우리 자신을 측
정하는 방법' 등 신체와 많은 관련이 있습니다. 보다 보면, 말

을 할 수 없는 방들이 있죠. 단지 공간에 메아리가 너무 크고, 공간에 울림이 너무 심한 경우만 나타나는 것이 아닙니다. 음향적으로 전달성이 둔한 방도 있어요. 청각적으로 둔탁한 성격을 가진 방이라면 그 소리는 한 사람에게서 다른 사람으로, 다른 사람에게 흐르지 않습니다. 사람들은 상대방의 귀에 대고 말하지 않죠. 서로 마주한 상대방에게 말하죠. 침묵을 이해하는 초기 문화권에서는 어둠에 대해서도 잘 이해했습니다. 그들은 다르게 보고, 다르게 느끼고, 무엇보다도 다르게 들었습니다. 그리고 귀 기울였습니다. 저는 경청하는 사람, 경청할 수 있는 사람을 거의 알지 못합니다. "그럼 우리는 무엇을 들을 수 있을까?" – 우리가 음향 쓰레기의 폭격을 받고 있는 지금 이 순간, 이러한 감각 기관 그리고 이러한 감각에 대한 호기심이 점점 커지고 있다는 것에 저는 이상한 기분이 듭니다. 그 다음 질문은 "우리는 무엇을 들어야 할까요?" 그리고 다음 질문은 이렇게 이어지겠죠. "그것으로부터 유익을 얻으려면 무엇을 들어야 할까?". '들음'으로써 우리의 문화가 한 층 더 풍요로워지고 깊어질 수 있을 것이라 생각합니다.

오 – 2004년도 작품 "Serpentinata"(세르펜티나타)에서는 다른 설치 작품과 달리 유기적인 형상이 돋보입니다. 이 작품의 아이디어는 어디에서 출발한 것인가요?

우선 1969년도 작품 "사운드 라인"(Ton-Linien/Sound Lines)은 건축과 조형의 자재로써 먼저 인지했었습니다. 하나의 사운드 라인은 스피커들의 선형적 시퀀스이며, 그 선들로 공간의 모양이 형성될 수 있죠. 공간에 자유롭게 유기적으로 형성된 떠다니는 형상. 이 아이디어가 사운드 스페이스 조형물인 "Serpentinata"(세르펜티나타)로 구현된 것입니다. 소리들은 하나의 성문처럼 머리 위에서 열려 어깨와 허리, 다리를 거쳐 바닥으로 떨어지거나 몸을 돌며 상승하죠. 이 작품을 위해 만들어진 점 단위 공간 구성(pointwise spatial compositions)은 넓고 좁은 공간 경계를 짓습니다. 이러한 가시적 조형 형태는 완전히 다른 인지적 소리 공간들로 층위를 이루는 겁니다.

오 - 공간에서 벽, 표면의 잔향과 관련된 특성들이 작가님 작업에 중요한 요소가 되나요?

잔향이 전혀 없거나, 또는 2~3초 정도의 잔향이 흐르는 자연스러운 실내 음향의 방들이 있습니다. 잔향 자체가 흥미로운 공간적 스케일을 가지고 있기 때문에 이를 활용해 작업할 수 있겠다는 것을 곧장 깨달았습니다. 하지만 벽면을 고려하며 작업할 때 제게 흥미로운 점은 제어 가능한 공간을 벗어나 자연 안에서 이뤄지는 음향적 경험입니다. 음향은 자연 어디에나 존재합니다. 우리는 그곳에서 어떤 일이 일어나는지 생각해야 하죠. 자연에서 음향에 영향을 미치는 요소는 무엇일까요? 빛에서 시작됩니다. 우리는 어둠 속에 있을 때 빛이 있을 때와는 다르게 듣습니다. 여기에는 온도와 습도가 포함됩니다. 우리는 건조한 겨울 공기와 습한 환경에서 진동하는 공기

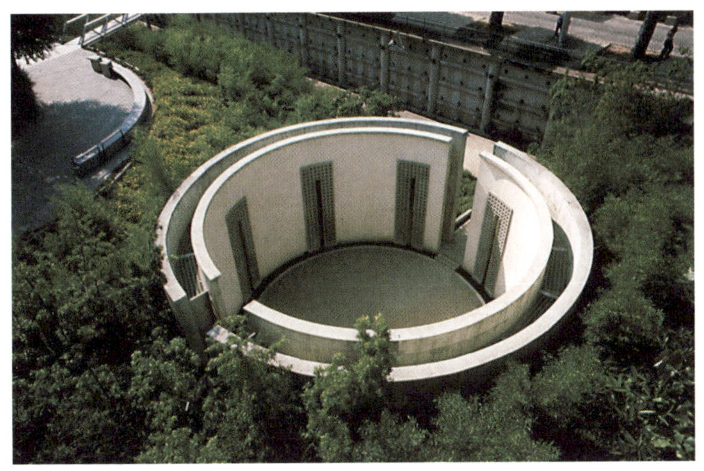

의 소리를 다르게 듣습니다. 물론 이것은 항상 우리 몸과 밀접하게 연결되어 있습니다. 따뜻하고 햇볕이 잘 드는 방에서 듣는 것과는 다르게 얼음처럼 차가운 자연 공간에서 들리는 것은 전혀 다릅니다. 피부는 매번 변합니다. 자연은 음향적으로 항상 움직이고 있으며, 가까운 곳과 먼 곳뿐만 아니라 바람 또한 중요한 역할을 하죠. 저는 파리의 빌레트 공원(Parc de la Villette)에 상설 전시되고 있는 음향 건축물 "Le Cylindre Sonore"(사운드 실린더, 1987)처럼, 자연환경 속에서 첫 작품을 만들었을 때 이런 점들을 많이 이해하게 되었습니다. 야외 공간에서 모든 것을 제어할 수 없다는 것이 정말 놀라웠어요. 그리고 그것은 정말 좋은 경험이었죠. 자연 속에서 자연과 함께 작업하는 것이 얼마나 유익하고 풍요로운 것인지 깨닫게 되어 매우 기뻤습니다. 야외 작업에서 자연은 많은 것을 결정하죠.

베른하르트 라이트너(Bernhard Leitner), "Le Cylindre Sonore"(1987), 영구 설치물, 빌레트 공원(Parc de la Villette), 파리(Paris)

사진: 포토테크 EPPGHV(Photothèque EPPGHV), 파리(Paris), F. Boudart

슈 – 빈 방의 플레이 필드-전시 공간에서 즉각적으로 마음에 드는 것과 그리 마음에 들지 않고 편안하지 않은 것들이 있을 텐데요.

물론 공간의 바닥이 콘크리트로 만들어졌는지 다른 재질로 만들어졌는지에 따라 차이가 있습니다. 1978년 첫 전시회를 열었던 쾰른의 갤러리 츠비너(Galerie Zwirner)의 바닥은 콘크리트로 되어 있었죠. 그곳에서 제 작업 소리는 거의 들리지 않았습니다. 반면에 뉴욕에 있는 제 작업실인 다락층 로프트에서는 모든 것이 나무, 나무, 나무, 나무. 나무였습니다. 심지어 스튜디오 지지대도 나무였어요. 그렇기에 그곳에서는 콘크리트로 지어진 공간과는 완전히 다르게 들립니다. 공간에서는 실제로 원하지 않는 방식으로 소리가 나고 울림이 발생하죠. 빈 공간은 당신이 이미 무엇을 할 수 있는지 또는 당신이 편안함을 느끼는지, 그 여부를 결정하는 겁니다. 공간 내 음향이 완전히 잘못된 곳에 들어갈 수 있습니다. 그곳에선 말을 할 수도 없고 누군가와 의사소통 또한 잘할 수 없습니다. 음향은 우리가 공간에서 편안함을 느끼는지, 아닌지 그 결정에 큰 영향을 미치죠. 대부분의 사람들은 특별한 지식 없이도 공간이 너무 춥거나, 공간 음향이 에코로 큰 울림을 낸다면, 이곳이 편안하고, 저곳은 편안한 느낌을 받을 수 없다는 것을 인지하게 되죠. 뉴욕에 있는 제 스튜디오의 공간 규모와 자재의 특성으로 인해 많은 연구를 할 수 있었습니다. 오스트리아 북동부 가인도르프(Gaindorf)에 1990년대부터 지금까지 계

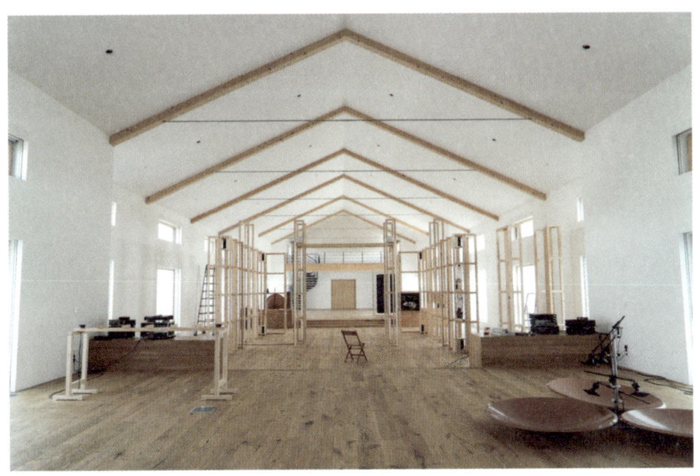

속 작업해 온 제 아뜰리에가 있습니다. 2022년 그곳에 건축을 전공한 아들 루카스와 함께 높은 층고를 갖춘 또 다른 대형 아뜰리에이자 음향 실험을 위한 홀을 지었죠. 나무 바닥으로 된 목조 건물이죠. 이 홀은 매우 독특한 특징을 가지고 있습니다. 이렇듯 빈 공간은 이미 제 작업에서 조형적 아이디어를 위한 일종의 사전(事前) 형식화(Vorformulierung)를 이루게 하죠. 공간에서 작업할 수 있는지, 공간에서 무엇을 할 수 있는지에 대한 감각을 키워야 하는 공간이라 말할 수 있죠. 그것은 어떠한 형태(Form)나 어떠한 형체(Gestalt)도 없는, 그러나 이미 첫 번째 코스가 되는 겁니다.

오 - 공간의 잠재력을 인지해야 하군요.
그렇죠. 잠재력이라는 단어가 딱 맞는 단어입니다. 방에는

베른하르트 라이트너(Bernhard Leitner), "Ton-Raum-Halle"(아뜰리에 라이트너), 전경, 가인도르프(Gaindorf), 2023

사진: 오현주

어떤 잠재력이 있을까요? 예를 들어, 제가 높이 3미터인 방을 갖고 있다면, 제게 매우 중요한 작업인 수직적 음향 디자인과 같은 작업을 수행할 수 없게 됩니다. 잘츠부르크의 콜레기엔 성당(Kollegienkirche)을 예로 들어보죠. 그곳은 대리석 바닥에서 돔까지 50m입니다. 제게는 이 건축물에서 전에는 미처 알지 못했던 수직성이 갑작스레 생겨난 건데, 이것이 중요했던 거죠. 이전에는 아무도 활용하지 못했던 이 교회의 음향적 잠재력이 바로 그것입니다. 2015년, 이곳에서 "Klangachsen"(소리축) 이라는 작품을 완성하게 된 거죠. 다른 역사적 사례를 봅시다. 베니스의 산 마르코 대성당(Basilica di San Marco)인데요. 이 성당은 공간적 분포인 폴리코랄리즘 - 다성 합창의 잠재성을 보여주기 위해 지어졌습니다. 그리고 그것을 르네상스 작곡가 안드레아 가브리엘리(Andrea Gabrieli, 1532/33-1585)와 그의 조카 지오반니 가브리엘리(Giovanni Gabrieli, 1554/57-1612)가 구현해 냈죠. 바로크 시대, 잘츠부르크에 요한 베른하르트 피셔 폰 에를라흐(Johann Bernhard Fischer von Erlach, 1656-1723)가 콜레기엔 성당(Kollegienkirche)을 건축했을 때와는 상황이 완전히 달랐던 겁니다. 그때는 건축학적으로 수직성이 무엇보다도 강조되었죠. 하지만 아무도 그 성당의 음향적 잠재력을 인식하지 못했었고요. 공간의 잠재력, 즉 공간에서 무엇을 할 수 있는지를 인지해야 합니다.

슈 – 반면, '화이트 큐브'와 '블랙박스'는 실제로는 개별적인 성격이 거의 없는 공간인데요, 결국 미술 전시와 음악 극장 공연을 위한 의도적으로 정의되지 않은 열린 공간의 아이디어가 바로 이런 것일까요?

오늘날 예술에서 그리 중요하게 여기지 않는 측면은 주의/관심의 문제입니다. '빠르고 성급하며 미디어가 과잉 자극하는 시대에 어떻게, 어디서, 언제 누군가가 여전히 들을 수 있는가'에 대한 관심, 다른 한편으로는 이러한 예술의 중심, 즉 시간 자체에 주의를 기울이는 자세 말이죠. 사운드 스페이스 아트(Ton-Raum-Kunst/Sound Space Art)는 시간 예술입니다. 관객은 설치 작품의 시간에 어떻게 참여할 수 있을지, 저는 이러한 질문을 작품에 담아내고 가능한 답을 만들어내려고 노력합니다. 대형 설치 작품의 경우 백그라운드 사운드를 의도적으로 추가하여, 도시의 모든 무작위적인 소리에 방해받지 않게끔, 청각적 조율과 청취가 가능하도록 했습니다. 혹은 청각적 감각을 활성화하기 위해 의도적으로 공간의 밝기를 낮추기도 하죠.

화이트 큐브에 대한 선호는 대부분 통제 가능하고, 고립되고, 정제된, (따라서) 최적의 예술 작품 표현이라는 아이디어에 비롯되었죠. 화이트 큐브에서는 어떤 것에도 방해받지 않습니다. 화이트 큐브는 매우 명상적이고 집중력을 높여주는 예술 공간이 될 수 있습니다. 어떠한 방해 없이 침묵의 지점까지 집중하여 들을 수 있습니다. 공간적 사운드 움직임은 이 위치에 맞게 거의 기하학적으로 명확히 설계될 수 있으며, 또한 그렇게 들릴 수 있습니다. 그렇기에 저는 음향 매체의 작품에서 이러한 정확성과 정밀성을 위해 노력해야 하는 것을 잘 이해할 수 있죠.

슈 - 2003년에 『Kopfräume』(헤드스페이스)라는 제목으로 CD로 출판된 이 앨범에 대한 아이디어는 어떻게 떠올리신 건가요?

아이디어는 어떻게 떠오를까요? 매초마다 수십억 개의 행동과 활동이 일어나는 뇌에서 아이디어가 언제 어떻게 구체화되는지 그 사실은 알 수 없습니다. 아직 밝혀지지 않은 거겠죠. 오스트리아의 작가 로버트 무질(Robert Musil, 1880-1942)은 예기치 않은 아이디어는 전혀 예상치 못한 곳에서 떠오른다고 말했습니다. 그 아이디어들은 성격과, 꾸준히 이어가는 성향, 끈질긴 야망과 끊임없이 일하는 활동에서 이루어진 결과라고 그는 계속해서 말하죠. 이 광범위한 설명조차도 완전히 만족스러운 대답은 아닙니다. 미학적으로 잘 완성된 작품의 경우 아이디어나 영감으로부터 얼마나 많은 호기심, 욕망, 태도, 능력, 그리고 무엇보다도 무의식이 이 작품으로 흘러 들어왔을지는 더 이상 말할 수 없게 되죠. 실험이 반복 가능해야 하는, 즉 검증 가능해야 하는 과학적 작업과는 대조적입니다. 그러나 양자물리학에서는 인간의 모든 개입이 실험을 변화시키기 때문에 이 또한 더 이상 가능하지 않다고 말합니다. 미학적 작업에서는 우리 자아의 여러 층위가 작용하며, 어쩌면 우리가 알지 못하는, 숙달하지 못한 법칙까지에도 영향을 미칠 것입니다. 다소 억지스러울 수 있겠지만 저의 『Kopfräume』(헤드스페이스, 2003) 앨범 아이디어가 어떻게 생겨났는지에 대한 질문에 답할 수 있는 틀이기도 합니다. 저는 "Ton-Liege"(톤 리게) 또는 "Vertikal-Raum für eine Person"(한 사람을 위한 수직 공간)의 작업들보다 청각적으로 더 내밀한 사운드 스페이스를 항상 생각하고 있었죠. 특히 헤드폰에 대한 매력을 갖게 되었는데요, 이것은 처음으로 모든 사람이 자신만의 사운드 세계를 휴대하며 생생하게 들을 수 있게 해주었습니다. 그래서 언젠가는 헤드폰으로 작업을 해보고 싶었죠. 머릿속 스테레오 공간을 지을 수 있다는 가능성과 함께 말이죠. 현악 4중주의 다중 채널 마이크 레코딩을 들으면 청취자 입장에서는 자연스럽게 첼로는 오른쪽, 바이올린은 왼쪽, 비올라는 조금 더 뒤에 위치하는 것처럼 들립니다. 한번은 실수로 헤드폰을 거꾸로 착용해 채널이 바뀌었고, 그렇게 바이올리니스트가 앉은 원래의 왼쪽 방향에서 첼로 소리가 흘러나왔었죠. 여기에서의 이러한 청각적 이미지(Hör-Bild)는 저의 일반적인 청취 및 시청 방식과는 달랐기에 듣는 것에 상당한 방해가 되었죠. 그래서 저는 머릿속에서 소리음 지점(Klangpunkt)을 정확히 어디에 둘 것인가에 관심을 갖게 되었죠. 오디오 신호의 위치를 머리로 인지하는 것(Im-Kopf-Lokalisierung)은 수십 년 동안 음향 과학의 난제였습니다. 우리는 이것이 어떻게 작동하는지에 대해 거의 알지 못하죠. 작품 『Kopfräume』(헤드스페이스)의 예술적 접근은 머릿속 발견의 여정을 저만의 방식으로 설계하는 거였죠. 소리가 흘러 나오는 동안 머릿속 공간에서 이동이 일어나는 거죠. 이미 제가 언급했듯이, 외부현상의 묘사는 제 관심사가 아니었습니다. 머리를 비어 있는, 속이 빈 구(球)처럼 다루었죠. (상상 가능한 이미지 중 하나는, 소리들이 뇌를 통해 마치 존재하지 않는 것처럼 이동하는 거죠. 그리고 여기서, 우리의 뇌는 스스로 들을 수 있는지에 대한 질문을 할 수 있고요.) 이렇게 오디오 조각들처럼 다양한 헤드스페이스 곡들이 만들어졌고, 이는 오디오 CD에 '전시'가 된 겁니다. 이러한 『Kopfräume』(헤드스페이스) 일부는 서점을 통해 오디오 CD로 판매되고요.[3] 저는 0과 1로 구현된 음향 조형물이 서점에서 판매된다는 점이 매우 흥미롭습니다. 새로운 플랫폼, 채널, 네트워크를 통해 청각-공간-예술(akustisch-räumliche Kunst)을 제공하고, 배포되고, 소비됩니다.

슈 – 앨범 『Kopfräume』(헤드스페이스)의 곡들을 기술적으로 어떻게 구현하셨나요?

1970년대에 이어 마이크(ear microphone)가 장착된 '더미 헤드'(dummy head)가 개발되었죠. 예를 들어, 방의 특정 지점에서 (머리) 청취자가 어떻게 그리고 무엇을 '듣는지'를 제어녹음으로 확인할 수 있습니다. 접근하기 어려운 3차원 공간에서도 말이죠. 그러나 귀를 정확하게 모델링한 녹음장치 '더

---

[3]　베른하르트 라이트너(Bernhard Leitner), 『Kopfräume』(헤드스페이스), 페터 바이벨(Peter Weibel) 편, 에디션 ZKM(Center for Art and Media Karlsruhe), 오스트필던(Ostfildern): 하트예 칸츠 출판사(Hatje Cantz Verlag), 2003, CD

미헤드’는 수직 음향 치수를 수
평 음향 치수만큼 정확히 재현할
순 없습니다. 저는 『Kopfräume』
(헤드스페이스) 앨범에서 (견고한/
평평한) ‘더미헤드’의 마이크를 사
용하기도 했지만 머리의 회전을
따라가는 인이어 마이크(in-ear
microphones)를 사용한 경우가

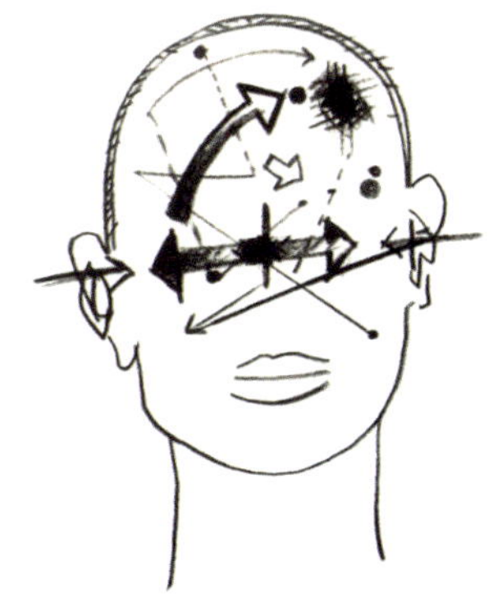

더 많았습니다. 대부분의 『Kopfräume』(헤드스페이스) 곡에
서 결정적인 부분은 3차원의 톤-스페이스-라인(Ton-Raum-
Linie/Sound-Space-Lines)을 제가 만든 다중 채널의 톤-스페
이스-오브제(Ton-Raum-Objekt/Sound-Space-Object)에서 녹
음되었다는 점입니다. 이러한 오브제는 음조 움직임(Ton-Be-
wegung/Sound-Movement)의 필수적이고 검증 가능한 정확
성을 실현시킵니다. 수집된 사운드 소스는 필터, 주파수 제어,
피치 시프팅 등 현대 사운드 디자인의 다양한 기술을 사용하
여 추가 처리되죠. 외부 공간의 음향과 머릿속에서 들을 때의
서로 다른 청취 조건이 적용되는데요, 이로 인해 앨범 『Kop-
fräume』(헤드스페이스)에서의 한 부분은 이러한 처리를 통해
특수한 공간 매체인 ‘머리’로 변환되어야 하죠. 예를 들어, 머
릿속에서 음계를 만드는 것은 거의 불가능합니다. 소리가 위
쪽으로 이동하면 떨어진 거리, 즉 신체로부터의 거리(Sich-En-
tfernen)를 규모적으로 측정할 수는 없습니다.

베른하르트 라이트너(Bernhard Leitner), “Kopf-Raum-Stücke”(1987), 드로잉

사진: 아뜰리에 라이트너(Atelier Leitner)

슈 ─ 『Kopfräume』(헤드스페이스) 앨범 작업을 하면서 어떤 경험을 하셨나요?

흥미로운 점은 내부 방향으로 듣게 되는 태도입니다. 눈을 돌리게 되고 귀를 기울이고 눈을 안쪽 방향으로 돌리면서 소리 움직임들을 따라가는 것이죠. 꽤 많은 사람들에게 이것은 놀라운 일이고 어쩌면 처음에는 이상한 일이기도 합니다. 자신 안에서, 자신을 넘어서 무언가를 스스로 발견하게 되는 거죠. 머리는 특이하게도 음향학적으로 디자인되어 있습니다. 또한 몸의 자세에 따라 머리에서 소리가 움직이는 공간 축이 달라지기 때문에 공간 측정 자체도 크게 달라지죠. 머리를 똑바로 세운 상태에서 위쪽으로 올라가는 소리는 수직을 그리는 반면, 누워있는 상태에서의 머리에선 이와 같은 (청각적) 조각이 다른 차원을 형성시키죠. 수직으로 생각했던 그 조각이 신체 뒷면에서 평행하게 흘러 확장하게 되는 겁니다. 우리가 헤드폰을 착용하거나 또는 착용하지 않고 일반적으로 음악을 들을 때, 즉 앉거나 누워 있거나 고개를 세우거나 돌리는 것과는 상관없이 자동으로 무게 균형 형성(Gleichgewichtsherstellung)이 이루어집니다. 이러한 뇌의 자동교정은 『Kopfräume』(헤드스페이스) 곡들에선 일어나지 않죠. 말했듯이, 머릿속 수직성 ─ 제가 서있는 상태에서 수직으로 올라가는 톤은 일종의 내 위치의 연장을 뜻하며 엄청난 높이까지 끌어당기게 됩니다. 제가 누웠을 때는 머리가 90도로 기울어져 '수평적 수직성'이 되고요. 순순히 이를 인식 분석의 측면에서 보면 매우 흥미로운 관점을 열어주죠. 하지만 예술작품은 지 각을 분석하여 지식을 얻는 것, 그 이상이라는 점은 말할 필 요도 없죠. 또 다른 예로, 『Kopfräume』(헤드스페이스) 앨범에 서 "Verwehter Raum"(흩어져 있는 공간) 곡을 들으며 - 이를 머릿속에서 그리면서 바람이 강하게 부는 야외 공간, 즉 복잡 한 공간과 경계의 층위 사이를 걷고 있다고 합시다. 흩날리고 있는 외부 공간에서 흩어져 있는 내면의 헤드스페이스를 마 주하고 있는 것입니다. 작품 『Kopfräume』(헤드스페이스)는 저의 예술적 작업을 이렇듯 더 넓고 (그리고 광대한) 새로운 세 계로 열어주죠.

슈 - 작가님이 사용하는 사운드들은 전자적으로 생성된 것이 하나도 없다는 점이 눈에 띕니다. 녹음된 악기 소 리나 보컬 소리 또는 자연의 소리로만 작업하시는군요.

사실 처음에는 매우 직접적이고 단순한 일렉트로닉 사운드 (예 : 밀도가 다른 비트)로만 작업했습니다. 60년대 후반만 해도 일렉트로닉 사운드 디자인에 더 집중적으로 작업할 기회가 없었습니다. 그래서 사운드 자료를 구하는 데 있어서는 클래 식 악기 녹음본을 사용하는 것이 가장 확실한 방법이었죠. 실 험적인 사운드로 열린 사고를 하고 연주하는 악기 연주자들 과 함께 작업할 수 있다는 점이 장점이죠. 최근 몇 년 동안 트 롬본, 베이스 클라리넷, 콘트라베이스, 플루트, 첼로, 타악기 등 비엔나 클랑포럼의 여러 뮤지션들은 음원자료 제작에 있어 저에게 이상적인 파트너가 되어주었습니다. 소위 이러한 (청각적) 원재료는 보통 그 자체로 이미 매우 복잡하고 감각적으로 조화롭지만, 특정 사운드 공간 작품의 사운드 공간 요구 사항을 충족하기 위해 지난 15년 동안 이 분야에서 발전해 온 진정한 혁명인 오늘날 사운드 디자인의 기술적 가능성과 함께 편집되고 형성됩니다. 이 '사운드 혁명'의 또 다른 측면은 샘플링을 통해 모든 소리, 음색 또는 노이즈를 원재료로 얻을 수 있다는 점입니다. 자연은 무한한 원천입니다. 초여름부터 늦가을까지 몇 달에 걸쳐 옥수수밭에서 녹음을 한 적이 있는데요, 그 이유는 옥수수밭의 소리가 매일 다르기 때문입니다. 잎은 처음에는 부드럽고 벨벳 같죠. 비가 약한 방망이처럼 내리면 무성한 잎이 자라 서로 닿기 시작하여 서로 섬세하게 빗질하는 것처럼 들립니다. 그러다 처음에는 몇 가지만 바스락거리기 시작하다, 점점 잎과 줄기가 더 건조해져 마침내 가을에는 바람에 날리는 들판 전체가 나무를 긁는 타악기처럼 딸가닥 딸가닥 소리를 내죠.

저는 많은 사운드 재료를 수집하고 일종의 사운드 라이브러리를 구축했습니다. 이곳에서 특정 프로젝트, 특정 톤-아키텍처 및 톤-조각의 사운드 디자인에 적합한 재료를 가져오는 것이죠.

오 - 오디오 분야에서 기술 개발은 어느 정도 중요하게 생각하시나요?

제 예술에는 기술이 필요하기에 항상 그 발전에 관심이 많았습니다. 제 모든 작업은 소리를 기술적으로 제작하고 재현할 수 있다는 지식을 기반으로 하죠. 저는 종종 더 발전된 새로운 장치와 관련 가능성을 작품에 통합하거나 때로는 작품의 영감의 원천으로 사용했습니다. 저장 매체의 경우 2채널 카세트부터 4트랙 테이프 그리고 현재 제가 사용하고 있는 칩 카드에 저장된 정보를 플레이어로 재생하는 것까지 다양합니다. 이러한 방식으로 작품의 설계된 사운드는 돌, 나무 또는 유리로 만들어진 공간소재와 동일한 방식으로 편집될 수 있으며, 고정되어 있으면서도 언제든지 재생할 수 있습니다. 시간과 무관하죠. 그러나 다루기 쉽고 음질이 좋아 저 역시도 사용하고 있는 저장장치 및 사운드 재생 분야의 기술적 혁신과는 별개로 톤-스페이스(Ton-Raum/Sound-Space)의 제 작업 성격은 변하지 않습니다. 저의 미학적 베이스 아이디어 또한 동일하게 유지되고요.

오 - 예술적 창작 활동에서 가장 중요한 것은 무엇일까요?

호기심입니다. 모든 예술 작품의 가장 중요한 전제 조건은 내재된 호기심을 지니고 있는 것입니다. 예를 들어, 호기심은 '무엇이 가능한가?' 또는 '무슨 일이 일어났는가? 이를 어떻게 이해할 수 있는가?'라는 질문에서 비롯됩니다. 호기심이 없다면 예술에 대해 말한다는 것이 사실상 불가능하다고 생각하지 않나요? 이는 예술의 모든 분야에 적용되죠. 공간 속 몸의 몸짓에 대한 호기심이 없다면 춤에 관심이 없거나 발레는 불필요한 것이라 여겼을 겁니다. 하지만 그곳에서 무슨 일이 일어나고 있는지 궁금하다면, 예를 들어 무용수들의 공간적 변형에 탐구심이 생긴다면 큰 기쁨으로 이를 바라보고 무언가 발견하게 되겠죠. 호기심과 발견은 이렇게 서로 연결되어 있습니다.

2

"클랑쿤스트(Klangkunst)는 제 삶입니다"

크리스티나 쿠비쉬

크리스티나 쿠비쉬 / Christina Kubisch

1944년 독일 브레멘 출신으로 1967/68년 슈투트가르트 국립예술대학
(Akademie der Bildenden Künste Stuttgart)의 존더보그(K.R.H. Sonderborg)
에게 페인팅을, 1969년부터 1974년까지 독일 함부르크, 오스트리아 그라
츠, 스위스 취리히의 음악대학에서 플루트와 음악을 전공했으며, 1972년
부터 1974년까지 취리히 순수미술학교(Freie Kunstschule Zürich)에서 스
위스 예술가이자 교육자인 제르쉬 슈타우페어(Serge Stauffer)에게 미술
을 배웠다. 1974년 이탈리아 밀라노로 이주, 밀라노 베르디국립음악원
(Conservatorio Giuseppe Verdi)의 프랑코 도나토니(Franco Donatoni)에게
작곡을 사사하였으며, 전자음악을 공부하여 1976년 디플롬(Diplom) 학위
를 취득했다. 1974년부터 1980년까지 이탈리아 예술가 파브리지오 플레
시(Fabrizio Plessi)와 함께 작업을 했으며, 1987년 베를린(서독)으로 활동
지를 옮겼다. 1989년 네덜란드 마스트리흐트에 위치한 얀 반 아이크 아
카데미(Jan van Eyck-Akademie)에서, 1990/91년 독일 뮌스터 국립예술대
학(Kunstakademie Münster), 1991년부터 1994년까지 서베를린 국립예술
대학(Hochschule der Künste Berlin), 1994/95년에 파리 국립고등미술학교
(École Nationale Supérieure des Beaux-Arts Paris)에 출강하였다. 1994년 독
일 자르브뤼켄의 국립예술대학(Hochschule der Bildenden Künste Saar)의
오디오 비주얼 아트 교수로 임명되어 2013년까지 학생들을 가르쳤다. 크
리스티나 쿠비쉬는 1997년부터 독일연방국 예술진흥기관인 독일예술원
(Akademie der Künste)의 위원으로 임명, 현재 베를린에서 거주하며 활동
중이다.

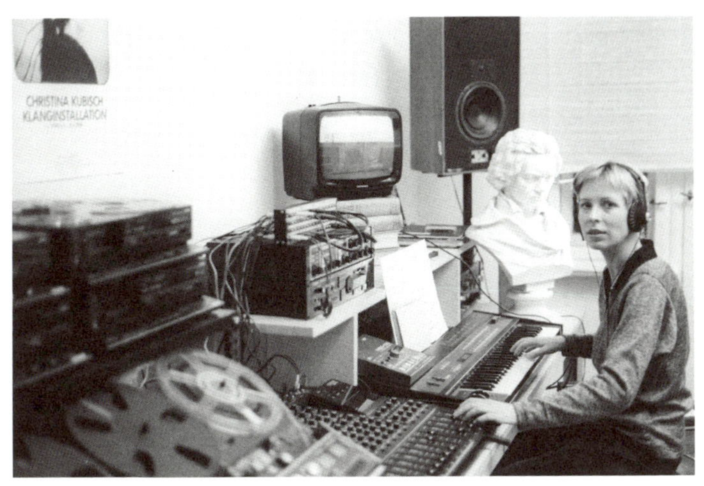

슈 – 클랑쿤스트(Klangkunst)란 무엇인가요?

간단하게 대답하기에는 너무 어려운 질문이네요. 클랑쿤스트 (Klangkunst)는 음향적인 것뿐만 아니라 시각적인 부분도 포함됩니다. 클랑쿤스트에 대한 정의는 굉장히 다양한데요. 특히 1970년대와 오늘날의 정의는 큰 차이를 갖습니다. 저에게 클랑쿤스트란 일반적으로 분리되어 있거나 역사적으로 분리되어 있던 것들을 통합하는 것입니다.

슈 – 그렇다면 클랑쿤스트(Klangkunst)가 아닌 것은 무엇일까요?

소위 설치형 콘서트(Installationskonzert)는 클랑쿤스트 (Klangkunst)가 아니죠. 두 개의 스피커가 있는 비디오도 클랑쿤스트가 아닙니다. 그러니까 전통적이고 시간적 차원을 초

크리스티나 쿠비쉬(Christina Kubisch), "베를린 스튜디오에서", 1989

사진: 지아코모 오테리 (Giacomo Oteri)

월하려고 시도하는 이러한 모든 것들이 콘서트보다 그저 조금 더 오래 지속되거나 관객들이 객석에 앉지 않고 움직일 수 있다 하여 클랑쿤스트로 불려지는데, 저에게 그것은 클랑쿤스트가 아닙니다.

슈 - 그럼 라디오포닉 아트는 클랑쿤스트(Klangkunst)가 아닌가요?
물론 어떠한 의미에서 여러 많은 라디오포닉 작품들은 이미 클랑쿤스트(Klangkunst)라 할 수 있죠.

슈 - 그럼 작가님은 사운드 아티스트인가요? 아니면 하는 일에 대한 또 다른 정의가 있나요?
다양한 정의가 있죠. 저는 일반적으로 저를 창의적인 사람 또는 아티스트라고 부르는 것을 선호합니다. 저의 주된 관심사는 물론 음악과 클랑(Klang, 소리음)이죠. 누군가 저에게 수식어를 붙여주고자 한다면, 사운드 아티스트가 맞겠지만, 이 역시 매우 제한적이라고 생각합니다.

슈 - 작가님 본인을 뮤지션이라 설명할 수도 있을까요?
가끔 그렇게 표현할 때도 있지만 자주 그런 건 아닙니다.

슈 - 하지만 작가님은 타고난 음악가이지 않습니까.
1970년대에 플루리스트로써 중요한 무대인 다름슈타

트 국제현대음악제(Darmstädter Ferienkurse, 1946-)의 무대에 오르셨고요. 몇 가지 기법을 추가하여 플루트 연주 기술을 확장하기도 하셨는데요. 그렇기에 음악은 작가님의 근간이라 말할 수 있을 것 같습니다.

저의 가장 큰 근간은 음악이죠. 전통 음악 또한 이에 포함되고요. 아시다시피 저는 플루트, 작곡, 청음 훈련 등 모든 학위 과정을 마쳤고, 그래서 이를 바탕으로 작업하며 살아가고 있죠. 단지 사람들이 일반적으로 생각하는 뮤지션에 대한 정의가 저와는 완전히 맞지 않을 뿐입니다. 특히 골무나 권투 글러브를 끼고 플루트를 연주하기 시작했을 당시에는 뮤지션이라는 정의가 저에게는 전혀 적용되지 않았었죠. 소리도 음악이 될 수 있다거나 음악도 소리라고 말한다면, 그럼 그 정의에 제가 해당되겠습니다.

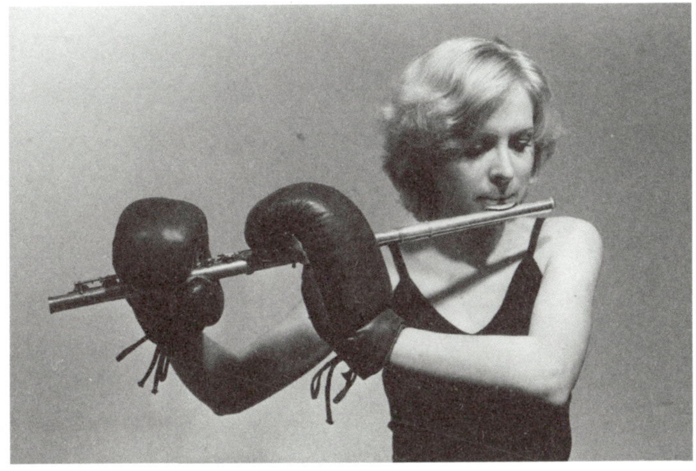

크리스티나 쿠비쉬(Christina Kubisch), "Break"(1974),
플루트와 복싱 글로브를 위한 연주 - 솔로 비상(Emergency) 시리즈의 일부

사진: 아카이브 쿠비쉬(Archive Kubisch)

어렸을 때 그림을 많이 그리고 음악도 했었죠. 당시에는 드물
었던 예술계 중고등학교에 다녔거든요. 음악과 미술이 주요
과목이었고, 정말 훌륭한 학교 오케스트라와 저를 많이 지지
해주셨던 좋은 미술 선생님이 계셨습니다. 사실, 저는 그 당
시 부모님께 여러 지원을 받지 않았기에, 이런 부분들이 저에
게는 굉장히 중요했죠. 고등학교 졸업 후 처음 4년 동안은 회
화(painting)를 전공했었습니다. 그 후 음악을 전공하기로 결
심을 했죠. 왜냐면 동시에 두 가지를 함께 공부할 수 없었거
든요.

언제부터 시작했는지 정확히 말씀드릴 수는 없을 것 같네요.
저는 항상 시각적인 것이 매우 중요하다고 생각했습니다. 또
한 연주자는 무대에 서고, 관객은 객석에 조용히 앉아 움직이
지 못하고 박수만 쳐야 하는 이러한 클래식 음악의 전통적인
연출 방식에 반감도 있었죠. 사실 이런 유형의 음악 공연은
제게 시각적으로 전혀 흥미롭지 않았기에 그것에 대한 거부
감이 있었습니다. 하지만 우리가 콘서트 홀이나 화이트 큐브

가 아닌 다른 공간이나 야외로 나가게 된다면 주변 환경의 요소가 포함되는 것은 당연해지죠.

사람들이 저를 어떻게 정의 내릴 수 있느냐에 대한 문제는 저에게 있었던 거죠. 그것은 제 자신의 문제였기도 했지만, 외부 사람들의 문제였기도 했습니다. 어쩌면 우회적으로 이렇게 대답할 수도 있을 것 같네요. 존 케이지(John Cage, 1912-1992)에 관한 한 세미나에서 저는 학생들에게 그의 전기(傳記)를 가져오라고 했습니다. 우리는 각자 가져온 그의 약력을 서로 비교했었는데요. 케이지가 워낙 다양한 작업들을 했기에 그의 일대기를 읽다 보면 마치 서로 다른 인물에 대해 이야기하는 것 같았죠. 그럼에도 불구하고 그의 예술에는 모든 것이 하나로 묶여지는 개념이 있었습니다. 케이지가 저에게 중요한 영감을 주었다는 사실 외에도, 실제 제 작업은 다양한 부분/요소를 동시에 보죠. 예를 들어, 비가시적인 것에 대한 작업을 한다면, UV 광선뿐만 아니라 숨겨진 전자기 음으로도 작업을 할 수 있는 거죠. 이 두 요소 모두 즉각적으로 눈에 보이거나 들리지 않는 물질입니다. 그러나 이는 무형적이지만 존재한다는 점에서 공통된 부분이 있죠. 그렇기에 제가 하는 모든 작업들이 비록 서로 다른 방향으로 나타난다 하더라도 함께 하나에 속해 있다고 봅니다.

슈 - 존 케이지 이야기가 나온 김에 더 여쭤보겠습니다. 그가 작가님 작업에서 얼마나 중요한 의미를 갖는지 간략하게 언급하셨는데요. 좀 더 자세히 설명해 주실 수 있을까요?

1970년대 저는 제 학업 전반에 걸쳐 어려운 시기를 겪었습니다. 제가 원하는 것을 찾지 못했죠. 모든 것이 한쪽 방향으로 치우친 상태였어요. 그 당시 저는 뉴욕에 자주 머물면서 필니블록(Phil Niblock, 1933-2024), 아네아 록우드(Annea Lockwood, *1939), 폴린 올리베로스(Pauline Oliveros, 1932-2016)와 같은 예술가들을 알게 되었습니다. 그 만남들은 저에게 큰 도움이 되었고, 유럽의 신음악(Neue Musik) 외에도 다른 무언가가 있다는 것을 그들이 보여 줬죠. 특히, 이 동료들이 클래식 음악에 거의 관심이 없다는 점에 큰 영향을 받게 되었습니다. 그들에게 클래식 음악은 큰 관심사가 아니었죠. 현재 상황에 관심이 있거나 비(非)유럽 음악과 같은 다른 요소/음원을 살펴보았죠. 저는 1976년 독일 브레멘에서 열린 〈Pro-Musica-Nova-Festival〉(프로 뮤지카 노바 페스티벌)을 통해 존 케이지를 만나게 되었습니다. 저 또한 그곳에 두 번 초청되었고요. 라디오 브레멘의 음악 편집자이자 그 페스티벌 감독이었

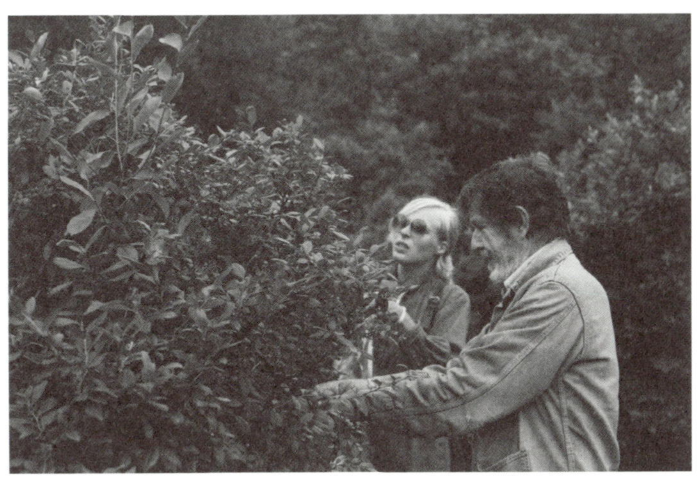

던 한 작곡가/피아니스트 한스 오테(Hans Otte, 1926-2007)가 저를 그의 집으로 초대한 적이 있었는데, 존 케이지도 그곳에 있었던 거죠. 우리는 정말 좋은 대화를 나눴고 그가 "뉴욕에 오면, 연락 주세요. 저희 집에도 한 번 오세요!"라고 했었습니다. 그래서 그렇게 했습니다. 그는 버섯을 따러 스토니 포인트(Stony Point)로 저를 데려갔죠. 당시에는 그가 얼마나 중요한 사람인지 몰랐습니다. 하지만 그의 매너와 태도에 깊은 인상을 받았었긴 했죠. 그와의 이러한 만남이 저를 비롯, 다른 많은 아티스트들에게도 어떤 영향을 미쳤는지 나중에야 깨달았던 거죠.

슈 - 클랑쿤스트(Klangkunst)는 그 자체로 예술 장르일까요?

클랑쿤스트(Klangkunst)는 비교적 개방적인 장르입니다. 하

존 케이지(John Cage)와 크리스티나 쿠비쉬(Christina Kubisch), "스토니 포인트(Stony Point)에서의 만남", 1976

사진: 파브리지오 플레시(Fabrizio Plessi)

지만 저는 그것을 하나의 운동으로 봅니다. 1970년대 클랑(Klang, 소리음)과 공간으로 작업을 시작한 작가들은 클랑쿤스트라는 용어를 그 당시에는 사용하지 않았습니다.. 하지만 우리는 항상 다양한 페스티벌에서 매번 만났었죠. 갤러리 지아노조(Gallery Giannozzo)[①]처럼 독일에서는 베를린이 이러한 행사들의 중심지였고요. 그 후, '사운드 아트(Sound Art)', 내지는 '클랑쿤스트(Klangkunst)'이라는 단어가 등장한 거죠. 하지만 1980년대의 클랑쿤스트의 정의는 지금보다 훨씬 더 명확했죠. 그러나 이에 다른 무언가가 있다고 생각하기에, 저는 '클랑쿤스트(Klangkunst)'를 하나의 장르로 보는 겁니다.

슈 - 역사적으로 많은 뿌리를 가진 장르이죠. 존 케이지는 신음악(新音樂, Neue Musik/현대음악)에서도 새로운 것, 클랑쿤스트(Klangkunst), 라디오포닉 아르스 아쿠스티카 및 시각 예술의 수많은 트렌드 중에서도 독보적인 존재죠. 그렇다면 작가님은 클랑쿤스트 형성의 또 다른 뿌리는 어디에서 찾을 수 있다고 보시나요? 이는 학자들에 의해 종종 연구되어 왔는데요, (놀랍지 않게도) 미래주의와 1920년대의 다다이즘 일부에서 그 뿌리를 찾을 수 있죠. 물론 1960년대 플럭서스에도 발견됩니다. 이 견해에 동의할 수 있지만, 또 반드시 그럴 필요는 없고요.

① 롤프 랑에바르텔스(Rolf Langebartels, 1941-2024)가 1978년부터 1986년까지 베를린 샬로텐부르크 지역에서 운영한 비영리 예술 공간이다. 이 공간은 사운드 아트/클랑쿤스트와 실험적 인터미디어 아트의 전시와 퍼포먼스를 주로 선보였으며, 갤러리 부속 레이블/출판사를 만들어, 카탈로그, 아티스트 북, 엽서 에디션, 오디오 작품이 수록된 LP, 카세트 테이프를 발매하여 왔다. 1986년 후반, 갤러리의 후속 조직인 Kunstverein Giannozzo(지안노조 예술협회)가 결성되었고, 동일 공간에서 전시와 함께 다양한 강연을 포함한 심포지엄을 기획하여 프로그램을 지속적으로 이어갔다. 2007년, 지속성과 제도적, 재정적 지원으로 인해 모든 프로그램을 종료하고, 2008년에 문을 닫았다.

저는 모든 역사적 문화학 측면을 제외, 이를 완전히 다른 뿌리로 봅니다. 제 예술가 친구 한스 페터 쿤(Hans Peter Kuhn, *1952), 롤프 율리우스(Rolf Julius, 1939-2011) 그리고 저, 우리 모두가 독일 북부 출신이라는 사실을 깨달은 적이 있습니다. 많은 소리들이 있는 곳이 아니죠. 그곳의 풍경은 평평합니다. 항상 바람이 불고, 비가 내리지만 큰 변함은 거의 없죠. 그럼에도 불구하고 정말 멋진 소리들이 존재했죠. 이 지역은 우리가 하는 일에 영향을 주었습니다. 확실한 것은 많은 것이 파괴되고 모든 부분들이 격변의 상태인 전후(戰後) 시기였다는 거죠. 그리고 당연히 그것은 우리가 어디서 어떻게 성장했는지를 말해주는 특별한 전기(傳記)가 되고요. 1970년대에는 여전히 무언가에 적대적 태도를 갖는 것이 가능했습니다. 클래식 음악에 반대할 수도, 음악 교육에 반대할 수도 있었습니다. 여성으로서 남성에 반대할 수도 있었죠. 저항할 수 있는 대상은 정말 다양했습니다. 그리고 이 저항은 창의적일 수도, 좋은 결과로 이끌 수도 있었죠. 오늘날 특히 젊은 예술가들에게 그것은 더 이상 쉽지 않은 일이죠.

슈 - 저항할 대상을 찾고 저항적인 이미지를 식별하는 것이 더 이상 쉽지 않다는 뜻인가요?

네, 정확합니다. 두 번째는 역사적으로 말하자면, 무언가 다른 것을 하고 싶었지만 정확히 무엇을, 어떻게 해야 할지 몰랐던 때였습니다. 가수나 피아니스트라면, 언제든지 이전의 다른 연주자들을 돌아볼 수 있었겠죠. 사실 저희 세대의 작가들에게 영감을 줄 수 있었던 클랑쿤스트(Klangkunst)는 거의 없었습니다. 또한 오늘날 우리가 알고 있는 모든 것이 당시에는 상식이 아니었다는 사실도 잊어서는 안 되죠. 저는 친구를 통해 존 케이지의 작품 중 일부를 알게 되었습니다. 학업 초기에 저는 요셉 보이스(Joseph Beuys, 1921-1986) 작품을 전혀 본 적이 없었고요. 뉴욕에서 활동하는 사람들에 대해서도 전혀 몰랐죠. 미래주의에 대해서도 전혀 몰랐고요. 그때 저희에겐 전혀 알려지지 않았죠. 오늘날에는 누구나 알고 있고, 누구나 배우게 되고, 학교 교육의 일부라고 생각하겠지만, 그땐, 아니요. 그 근처에도 못 갔죠! 사실 오늘날에도 꼭 그렇지만은 않다고 봅니다. 문화 연구를 논의할 때 우리는 항상 매우 좁은 틀 안에서 움직이죠. 그렇기 때문에 저는 이론가들의 특정 주장들, 예를 들어 이 예술 또는 저 예술이 결과적으로 미래주의와 다다이즘을 통해 왔다고 하거나, 백남준(1932-2006)만이 이것저것 가져와 해냈다는 부분은 사실 너무 터무니없는 말이라고 생각합니다. 그보다는 그저 더 큰 흐름적 움직임이 존재했지, 한 개개인들만이 있었던 건 아닌 거죠. 예술가 스스로도 많은 부분을 나중에야 알게 되는 것이고, 그 후 비평가와 학자들이 와서 그들의 상자에 포장하고, 모든 것을 멋지게 만들어주는 거죠. 하지만 실제로 그렇게 이뤄지는 것이 아닌데 말이죠.

슈 - 전자(electronic) 또는 전자음향(electroacoustic) 음악으로는 어떻게 작업하게 되셨나요?

우선, 제가 음악 전공 초창기 때 전자 음악에 대해서 잘 몰랐다는 사실을 고백해야겠네요. 밀라노에서 플루트를 전공하고 그곳에서 작은 전자 장치, 키보드, 최초의 소형 음성 컴퓨터 등 직접 만든 장비들로 음악을 만드는 친구들을 알기 전까지는요. 그때 많은 것을 알게 되었죠. 저는 작곡가 루이지 노노(Luigi Nono, 1924-1990)에 대해서도, 파리에서 테이프 음악으로 최초 실험한 구체 음악(musique concrète)에 대해서도 알지 못했습니다. 그러다 1974년 다름슈타트에서 열린 국제 현대음악제(Darmstädter Ferienkurse)에서 조금 더 알게 되었죠. 하지만 저에게 동기부여가 된 것은 새로운 소리음(Klang)에 대한 탐구와 모색이었고, 다비데 모스코니(Davide Mosconi, 1941-2022) 및 다른 이탈리아 뮤지션들과 함께 그룹 '알레아'(Alea)를 결성하면서 친구들과의 협업이 이뤄진 거죠. 우리는 그저 실험을 했을 뿐입니다. 그래요, 구체 음악과 연관지어 말해봅시다. 사실 우리는 그것에 그다지 크게 관련이 없었습니다. 또한 당시에는 잘 알려지지 않은 음악이었는데, 어떤 근거로 그렇게 말할 수 있겠냐는 거죠. 나중에야 이런 장르들에 대해 알게 된걸요.

슈 - 호기심, 탐색, 느낌 - 이 요소들이 작가님을 이러한 사고(思考)의 공간으로 이끈 것인가요?

그럼요. 저는 비(非)유럽 음악에 몰두했었습니다. 그것은 항상 저에게 있어 작업 주제였죠. 한동안 스위스 취리히 대학교에서 민족학 수업을 들었습니다. 인간은 함께 음악을 만든다라는 방식이 항상 멋지다 생각했고, 음악은 예술 형식이 아닌, 인간 삶의 일부이자 활동의 일부라고 생각하게 된 거죠. 이 점에 대해 매우 면밀히 연구했고, 제 작품의 많은 부분에 영향을 주기도 했습니다.

슈 - 사람들은 자신의 길을 가는 것에 집중하는데요. 눈과 귀를 동등한 감각 기관으로 어필하고자 했던 첫 작품들은 어떻게 탄생하게 되었나요?

이탈리아 예술가 파브리지오 플레시(Fabrizio Plessi, *1940)와 수년간 함께 작업한 비디오 퍼포먼스가 전환점이 되었죠. 그는 시각 예술가였고 저는 음악가였는데, 우리는 영상과 소리를 분리하고 싶지 않았습니다. 그 퍼포먼스의 기본 아이디어는 우리가 라이브로 소리들을 만들고 연주하는 것이었죠. 두 대의 비디오 카메라를 통해 실시간으로 전송시켰는데, 당시에는 기술적으로 여전히 어려웠던 부분이 있었죠. 벽에는 저희가 무엇을 하는지 자세히 보여주는 모니터가 걸려있었는데요. 이 이미지들은 거의 추상적으로 보였습니다. 그럼 관객들은 화면에서 본 것과 실제로 본 것, 즉 우리가 실제로 하고 있던 것을 비교할 수 있었죠. 그리고 무엇이 진짜이고 무엇이 가짜인지, 무엇을 보고 어떻게 인지하는지에 대한 이 퍼포먼스

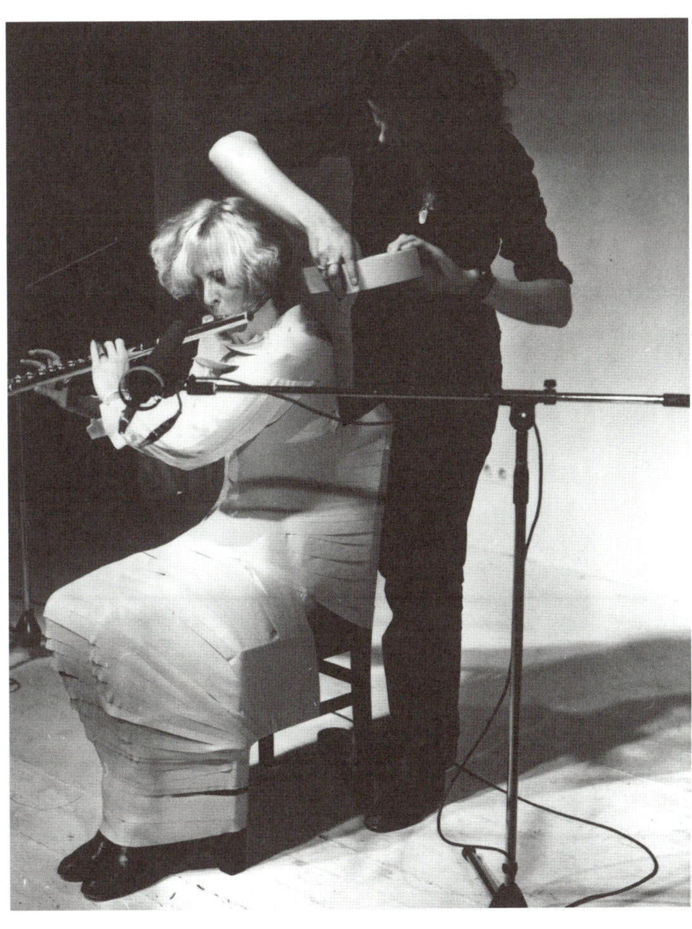

크리스티나 쿠비쉬(Christina Kubisch), "무제"(1974), 플루트를 위한 연주,
마스킹 테이프, 어시스턴트 – 솔로 비상(Emergency) 시리즈의 일부

사진: 아카이브 쿠비쉬(Archive Kubisch)

는, 말하자면 시각적 영역뿐만이 아닌, 청각적 영역 내에서도 이뤄지는 인지성-연주극(Erkennungsspiel)이 되었던 겁니다. 예를 들어, 저는 독특한 방식으로 플루트를 연주했습니다. 우리는 접촉식 마이크가 달린 팬(fan) 장치와 물이 분사되는 스틸 드럼을 사용했었죠. 소리가 어떻게 만들어지는지 볼 수 있었고, 라이브로 들을 수도 있었죠. 동시에 스피커를 통해 전달되어 일종의 공간적 소리음(Raumklang)이 생성되었죠. 다시 말해, 라이브 사운드, 다이렉트 사운드, 증폭 사운드 모두가 동일한 연주인 거죠. 보는 것과 듣는 것 사이, 그것을 인지하는 방식과 그 안에서 이 테크닉이 야기시키는 것 사이의 이중 연주를 말하는 겁니다. 이는 제게 매우 중요한 경험이었죠.

슈 - 앞서 요셉 보이스에 대해서도 잠깐 언급하셨는데요, 그의 작품을 아주 늦게서야 알게 되었다고 했습니다. 처음으로 보이스 작품을 경험하셨을 때를 기억하시나요?

독일 슈투트가르트에서 회화를 공부할 당시 제 스승이셨던 덴마크 화가 존더보그(K.R.H. Sonderborg, 1923-2008)와 함께 처음으로 보이스의 작품을 접했습니다. 스승님은 저희를 전시회에 데려가셨고 우리는 겁에 질렸었죠. 미끄러운 지방 덩어리들이 가득했거든요. 우리는 그것을 전혀 이해하지 못했고 이렇게 말했죠. "도대체 이게 뭐야?" 그러나 그건 저희에게 지속적인 영향을 미쳤고 많은 질문을 불러일으켰죠. 하지만 전반적으로 봤을 때, 저는 사실 요셉 보이스에 특별한 관심은 없었습니다. 제겐 존 케이지 작품들이 더 흥미로웠고 최근 몇 년 사이에야 보이스 작품에 조금 더 친숙해졌죠. 무엇보다도 요셉 보이스 미술관이라고 불리는 슐로스 모일란트 미술관(Museum Schloss Moyland)의 전시를 위해 보이스와 연관된 작업을 하게 됐고, 이를 통해 그에 대해 더 연구하게 된 거죠.

슈 - 그곳에서 어떤 작업을 보여주셨나요?

2007년 〈Im Auge des Klanges〉(소리의 시선에서)라는 제목의 전시였습니다. 요셉 보이스 컬렉션과 함께 선보이기 위해 여러 사운드 아티스트가 초대되었죠. 제 설치물 "The Voice"(더 보이스)는 요셉 보이스의 드로잉 40여 점과 그림들이 배치되어 있었던 작은 공간에서 전시되었습니다. 저는 이 작품들을 다시 벽에서 떼어낸 후 그 자리를 평평한 스피커로 대체하였습니다. 각 그림의 제목과 기술적 세부 사항으로 구성된 음향적 자료는 미술관 관장이었던 베티나 파우스트(Bettina Paust, *1962)의 음성으로 녹음되었죠. 이렇게 40개의 음성이 40개의 스피커를 통해 재생되었고, 각 음성은 사라진 그림의 플레이스홀더(placeholder)로써 자리하게 됐죠. 한 단어는 끊임없이 반복되었습니다. "요셉 보이스" 말이죠. 골판지나 기름과 같은 단어도 굉장히 자주 등장했지만 완전히 유별난/요상한 개별 제목도 있었죠. 일종의 대화, 중얼거림, 조용한 다성 합창과 같은 이 전체가 40채널 오디오로 이루어진 하나의 설치물이 된 겁니다. "sssss"가 계속해서 들렸는데요, 보이스 (Beuys)의 철자에서 비롯된 강한 "s" 였죠. 더 이상 존재하지 않는 그림에 대한 설명이나 제목을 듣게 되면, 거의 무균 상태에 가까운 하얀 방에서 완전히 새로운 내면의 이미지가 탄생하게 되는 겁니다.

슈 - 많은 사운드 아티스트들은 퍼포머로 활동했거나 현재도 활동 중입니다. 작가님은 때때로 라디오 방송을 위한 작업도 하시죠. 놀랍게도 전통적인 작곡이나 그래픽적인 시각 작업을 할 때도 있고요. 어떻게 이렇게 다양하게 하게 되셨나요?

끊임없이 캐리어 가방을 끌고 다니고, 매주 어디 다른 곳에 있고, 매번 오디오 케이블이나 노끈을 당겨야 하고, 무언가는 여기에 붙이고, 무언가는 저기에 망치질하고. 누구나 하는 일에 그냥 가끔 질릴 때가 있잖아요. 여전히 흥미진진하고, 또 그렇게 할 수는 있죠. 하지만 가끔 사람은 다른 일을 하고 싶기도 하잖아요. 그럴 때의 나는 그런 겁니다. 설치 작업 외에 음악적-작곡적으로 다른 것들을 시도하고 싶은 흥미가 그냥 생기는 거죠. 1970년대에 재즈 뮤지션으로 여러 공연을 한 후, 몇 년 전부터 다시 라이브 믹스를 하기 시작했습니다. 전 다른 사람들과 함께 작업하는 것이 참 좋다고 생각해요. 어쩌면 우리 모두는 여전히, 결국 이상주의자인 거겠죠. 우리에게 중요한 것은 얼마나 재밌게 그 일을 하고 있냐는 것입니다.

공연은 설치와는 다르고 그 결과도 다르죠. 오랫동안 의도적으로 멀리했던 퍼포먼스 작업을 놓치고 싶지는 않습니다. 작곡도 마찬가지고요. 곡을 실현시키는 것도 이제는 더 쉬워졌잖아요. 더 이상 큰 스튜디오 없이, 집에서 할 수 있죠. 모든 소프트웨어로 전보다 더 독립적으로 구현할 수 있게 된거죠. 예전만 해도 만들어내기 매우 복잡했을 전자 음향의 곡(electroacoustic music)을 이제는 컴퓨터로 할 수 있지요.

오 - 1989년부터 여러 기관에서 클랑쿤스트(Klangkunst)를 가르쳤고, 특히 1991년부터 1994년까지 베를린 예술대학(Universität der Künste)에서 객원 교수로, 1994년부터 2013년까지 자르브뤼켄 미술대학(Hochschule der Bildenden Künste Saar)에서 시청각 예술학과의 교수로 활동하셨습니다. 작가님은 클랑쿤스트를 어떻게 가르쳤나요?

제 수업에서 사운드 설치와 장소 특정적 사운드 아트(site-specific sound art) 작업에 대한 아이디어는 항상 실습을 통해 구현되어야 했습니다. 스피커 하나라도 제대로 연결하지 못한다면, 훌륭한 아이디어가 그 무슨 소용이 있을까요? 저는 학생들과 함께 제한되고 보호받을 수 있는 학교 울타리에서 뿐만이 아닌, 완전히 일반적인 전시 공간에서도 전시를 진행했습니다. 대부분의 외부 전시는 자르브뤼켄 미대에서 지원해 주지 않기 때문에, 그 일은 제게 많은 기획 작업을 의미하기도 했습니다. 하지만 학생들은 여기서 학문적 경험을 뛰어넘는 실질적인 경험을 얻을 수 있었죠. 또한, 이전까지는 클랑쿤스트(Klangkunst)가 생소한 예술형식이었던 관객들을 위해 다가갈 수 있었죠. 그 외에도 신음악/현대음악(Neue Musik)과 클랑쿤스트(Klangkunst)에 관해 배울 수 있는 다양한 이론 수업도 제공했습니다. 초청 강사진으로는 슈테판 프리케(Stefan Fricke, *1966), 페터 포겔(Peter Vogel, 1937-2017), 하네스 자이들(Hannes Seidl, *1977) 등이 있었죠.

슈 - 클랑쿤스트(Klangkunst)는 특별한 유형의 설치 예술입니다. 소리는 보이는 것의 부속물이 아니며, 보이는 것은 들리는 것의 부속물도 아닙니다. 두 요소 모두 동등하게 기능하고, 무엇이라 부르든 새로운 것이 형성되도록 구성적으로 함께 조합해야 하죠. 우리에게는 공간의 개념, 소리의 개념, 물질의 개념, 시간의 개념이 있습니다. 그 그릇들 모두 담론으로 부지런히 채워져 왔고요. 이러한 맥락에서 어떤 개념과 측면, 그리고 현상을 논의해야 할까요?

굉장히 중요한 측면은 관객, 청취자, 시청자, 그들의 행동 방식과 지각입니다. 클랑쿤스트(Klangkunst)는 자연스럽게 지각을 변화시키고 콘서트 홀에 앉아 있을 때와는 완전히 다른 참여성을 요구하기 때문이죠. 설치 작품은 항상 관람객이 어떻게 움직이고, 어떻게 듣고, 어떻게 공간을 인지하는지에 대해 고려해야 합니다. 시간성도 다르죠. 클랑쿤스트 작품은 일반적으로 클래식 음악처럼 일련의 주제와 변주 없이 모든 곡을 언제든지 들을 수 있죠. 그렇기에 구조화되고 제한된 시간을 위한 곡을 쓸 때와는 완전히 다른 작곡 구조가 자연스레 만들어지는 겁니다.

슈 - 사람들은 루프를 통해 시간의 한계를 벗어나려고 시도하죠. 2분 또는 20분 심지어 2시간 길이까지의 루프나, 120분 후에야 새롭게 시작되는 루프를 통해서 말이죠. 이는 우리에게 드라마학적으로 다른 질문을 던져줄 수 있습니다. 실제로 사운드 레이어가 장시간에 걸쳐 구성되는 설치 작업은 거의 없다고 보는데요. 이는 드라마학적으로 고려된다는 것과, 어떤 특정 정체 요소에서 벗어나려는 것을 의미하기도 합니다.

저는 기본적으로 그런 것이 불가능하다고 생각합니다. 대부분의 설치물은 의도적으로 개방형 설계이지요. 반면, 작품을 만들어서 스피커를 통해 재생하는 것은 무대에서 다른 공간으로 보내는 것과 전혀 다를 바가 없죠. 하지만 이는 처음부터 끝까지 앉아서 작품을 들어야 한다는 의미인데요. 그렇지 않으면 아무것도 얻을 수 없죠. 2009년 비텐 현대실내음악제(Wittener Tage für neue Kammermusik)의 공연을 위해 작곡한 "Brunnenlieder"(샘물의 노래)에서도 그런 상황이었습니다. 분수대 주변에 둘러앉아 듣도록 초대받습니다. 이 시간성은 논리적이죠. 저는 한 곡을 작곡한 다음 클랑쿤스트 (Klangkunst)로 바꿔 재구성하는 것은 상대적으로 흥미롭지 않다고 생각합니다. 이런 일은 때때로 일어나, 이 또한 클랑 쿤스트라고 부르죠. 그러나 그것은 기본적으로 한 곡이 반복 적으로 돌아가는 긴 루프일 뿐입니다. 장소 특정적(site-specific) 설치물은 처음부터 돌아가 다시 반복하는 곡 작업과는 기준부터가 다릅니다. 그러한 작품도 가능할 순 있겠으나 상황이 완전히 다르기 때문에 거의 적용되지 않죠.

오 - 사운드라는 재료로 작업하는 아티스트는 공간의 모든 요소에 민감할 수밖에 없습니다. 전시 공간에서 사운드 아티스트에게 중요한 고려 사항은 무엇이 있을까요? 저는 제 자신을 완전히 사운드 아티스트로만 보지는 않고, 작곡가라고도 생각해요. 전시 공간은 보통 실내 공간이지만, 평상시에는 예술적 목적으로 사용되지 않는 야외 공간일 수도 있죠. 프레젠테이션이 될 공간 내에서 소리음이 어떻게 펼쳐질 수 있는지가 결정적인 요소가 됩니다. 가장 먼저 해야 할 것은 그 장소에 방문하는 것입니다. 장소의 역사를 숙지하고 그곳에서 직접 구체적인 사운드 테스트와 현장 녹음을 하죠. 이는 대부분 어시스턴트와 함께 진행을 하고요. 때로는 제안된 전시 "공간"에 흥미로운 지점을 정말 찾을 수가 없어 거절하기도 합니다.

슈 - 단순하고 지루한 미디어 트랜스포메이션 전략 외에도, 연주 장소와 가져온 악기 장비/소재들을 평소와는 다른 방식으로 해석하는 프레젠테이션 형태도 등장하고 있습니다.

기술과 관련된 발전이 계속되고 있고, 마찬가지로 클래식 교육을 받은 뮤지션들의 클랑쿤스트(Klangkunst)에 대한 관심도가 커지면서, 사운드 설치에도 전보다 더 많은 관심이 일어나고 있죠. 이들은 일반적으로 시각 예술을 전공한 대부분의 사운드 아티스트와는 다른 교육을 받았기 때문에 이러한 새로운 형식에 흥미로운 겁니다. 실제로 서로 다른 교육 방식, 출신 배경 그리고 음악을 보는 방식에서 비롯되죠. 이전에는 일어나지 않았던 많은 일들이 일어납니다.

슈 - 자연과 생태학적 질문은 작가님의 작업에서 중요한 역할을 합니다. 작가님의 상당수의 작품들이 작동되고 유지되기 위해서도 전기가 필요로 하고요.

전기는 그 자체로 좋지도 나쁘지도 않습니다. 어떻게 사용하느냐에 따라 다르죠. 제가 개발한 전자기 헤드폰을 착용하고 다니며 소리음을 들을 때, 숨겨진 전자기장(電磁氣場, *electromagnetic field*)과 같이 평소에는 들리지 않던 소리를 마주하게 되면 때론 기분이 그리 좋지 않기도 합니다. 예를 들어, 공원에 가면 내내 윙윙거리고 똑딱이는 소리가 들리죠. 잔디밭에 앉아 소풍을 즐기는 사람들은 그들의 아래나 위에서 어

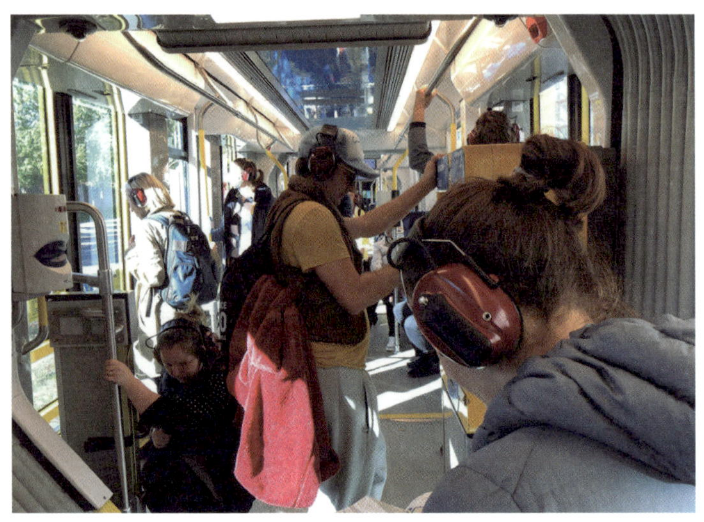

떤 일이 벌어지고 있는지 모를 거고요. 2003년부터 시작한 "Electrical Walks"(일렉트리컬 워크) 시리즈에서 관객들은 특수 헤드폰을 착용하고 도심 공간에 나가 전자기장을 감지하게 되는데요. 그분들이 돌아와 많은 충격을 받고 혼란스러워하며 "이렇게나 모든 것이 존재하는지는 정말 몰랐어요."라고 종종 말하곤 합니다.

슈 - 작품 "Electrical Walks"(일렉트리컬 워크)의 기술적 요구 사항에 대해 좀 더 자세히 설명해 주시겠어요?

모든 전기장(電氣場, electric field)도 전자기장(電磁氣場, electromagnetic field)을 만듭니다. 이러한 전자기장은 케이블 없이 공기를 통해 전송될 수 있습니다. 기본적으로 이는 위대한

크리스티나 쿠비쉬(Christina Kubisch), "Electrical Walks 89",
포헨 비엔날레(Pochen Biennale), 독일 켐니츠(Chemnitz), 2022

사진: 마크 프로스트(Mark Frost)

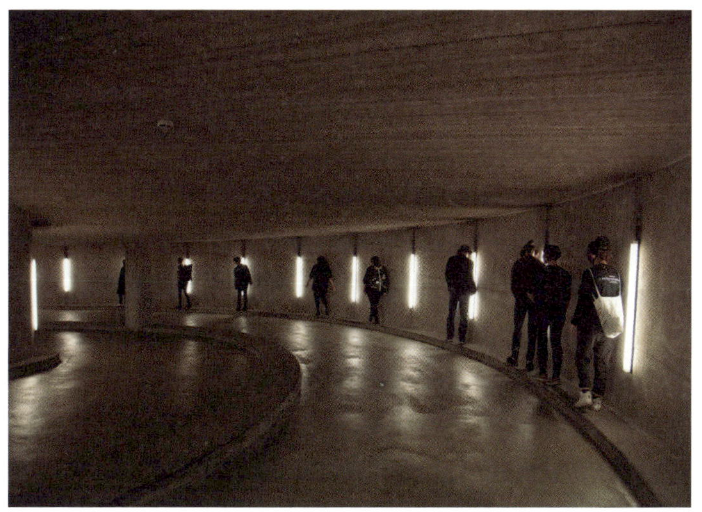

발명가 니콜라 테슬라(Nikola Tesla, 1856-1943)가 예언했죠. 그는 또한 케이블 없이 전기를 '무선으로' 보내고자 했었죠. 우리가 스피커를 통해 무언가를 듣는 것도 다르지 않죠. 이를 위해 저는 자기장을 포착하는 작은 코일이 설치된 특수 헤드폰을 개발했고, 작은 스피커 시스템을 통해 이 소리들이 즉각적으로 들리게 됩니다. 걸어 다닐 때, 우리는 낯선 음향적 세계 한가운데서 움직이는 수신자와 같습니다. 어떻게 움직이느냐에 따라, 빠르게 걷느냐 느리게 걷느냐에 따라, 고개를 돌리느냐 멈추느냐에 따라, 듣게 되는 소리가 완전히 달라지죠. 그렇게 갑자기 다른 환경이 보이는 겁니다.

크리스티나 쿠비쉬(Christina Kubisch), "Electrical Walks 81",
뮤직프로토콜 페스티벌(Festival Musikprotokoll), 오스트리아 그라츠(Graz), 2020

사진: 마틴 그로스(Martin Gross)

슈 - 작가님은 전 세계 다양한 도시에서 이 "Electrical Walks"(일렉트리컬 워크)를 구현하셨습니다.

모든 도시는 저마다 고유한 특징과 음향적 초상화(portrait)를 가지고 있습니다. 더 지루한 도시가 있고, 더 신나는 도시가 있고, 더 피곤한 도시가 있죠. 예를 들어, 뉴욕은 정말 요란한 곳입니다. 파리는 매우 복잡하고, 런던은 예상치 못한 놀라움으로 가득하죠. 아시아의 대도시들은 최신 지하철과 기타 디지털 기기, GPS 수신기가 장착된 수많은 자동차, 도시 곳곳에 설치된 수많은 안테나, 인터넷, 블루투스 등으로 인해 완전히 다른 소리음의 세계(Klangwelt)를 갖고 있고요. 유럽 도시들은 다소 촌스러운 소리로 이뤄져 있고, 그러나 여전히 멋진 소리를 내는 트램이 있는 경우도 있습니다. 모든 도시에는 그 도시에 어울리는 소리를 갖고 있습니다. 예를 들어, 독일 루르(Ruhr) 지역의 보트롭(Bottrop) 도심은 그저 무디고 지루한 소리들이 들릴 뿐이죠. 꽤나 오랫동안 어떠한 일도 일어나지 않고, 그저 조용히 흘러간다는 것을 알 수 있습니다.

슈 - "Electrical Walks"(일렉트리컬 워크)가 진행되는 동안에 그곳에 있는 사람이라면 그 헤드폰을 빌려 누구나 해볼 수 있는 청취 경험입니다. 하지만 작가님은 이러한 소리를 두 가지 방식으로 처리하지요. 전자기장을 음향적으로 녹음할 수 있는 헤드폰을 직접 제작하셨습니다. 또한 이러한 떠도는 대기의 소리로 라디오포닉 오디오 작품이나 설치를 위한 오디오 재료를 작곡하고요.

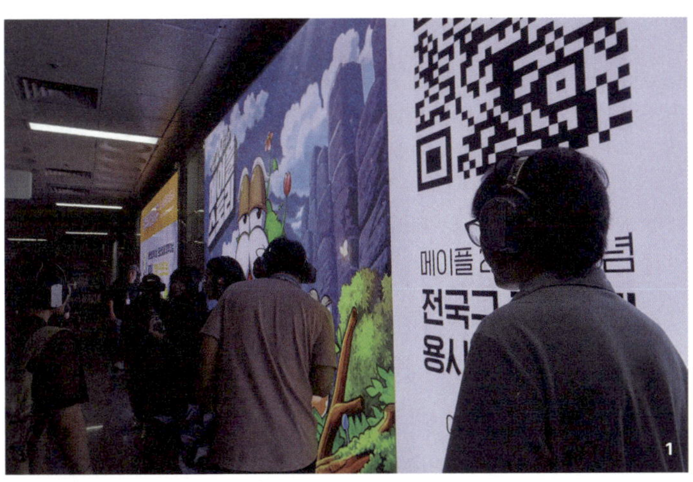

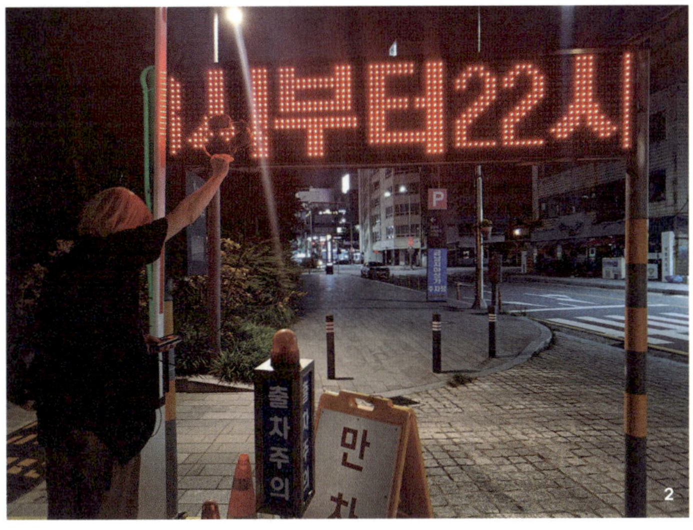

1
크리스티나 쿠비쉬(Christina Kubisch),
“Electrical Walks”,
ACC 국립아시아문화전당 워크샵에서,
광주, 2023

사진: 크리스티나 쿠비쉬(Christina Kubisch)

2
크리스티나 쿠비쉬(Christina Kubisch),
“Electrical Walks”,
ACC 국립아시아문화전당 워크샵에서 –
주차장 입구의 전자기장을 녹음하는
크리스티나 쿠비쉬(Christina Kubisch),
광주, 2023

사진: 에케하르트 귀터(Eckehard Güther)

1980년에 저는 오디오 주파수 유도 시스템(audio induction loop)을 사용한 설치를 처음 선보였습니다. 방 전체에 두꺼운 전기 케이블을 늘어뜨리고 전화 통화의 전송 용도였던 작은 오디오 큐브를 사용했었죠. 사람들은 손에 큐브를 들고 돌아다닐 수 있었고, 신기하게도 각 케이블에서 소리가 나더니 이 오디오 큐브를 통해 소리를 인지할 수 있었죠. 나중에 그 헤드폰을 제작했습니다. 케이블 연결 단자는 점점 복잡해지고 다양해져 종종 겹치는 경우가 많았고, 그 결과 구성적인 오버레이(overlay)가 발생했죠. 저는 1980년대 이 시스템의 작업을 정말 집중적으로 했습니다. 몇 년 후, 저는 제 설치에 항상 더 많은 노이즈가 있다는 것을 깨달았죠. 저는 우리 주변환경의 전기장(電氣場, electric field)들이 점점 더 강해지고 있으며 제 작업들로 스며들고 있음을 알아차렸고요. 그것은 도시 자체가 나의 도구이자 작업의 장(場)이 되는 새로운 전환을 위한 촉발제였습니다. 일본 도쿄에서 처음으로 필터가 없는 마그네틱 헤드폰을 사용하여 도시를 집중적으로 들었죠 정말 감격스러웠습니다. 미국 작곡가이자 사운드 아티스트인 앨빈 루시어(Alvin Lucier, 1931-2021) 또한 그 당시 페스티벌 게스트로 참가했었는데, 제가 그에게 이렇게 말했죠. "앨빈, 돌아서서 이것 좀 들어봐요!" 그는 이제 더 이상 돌아오지 않습니다… 마지막에 그는 이렇게 말했죠. "That's music!"(이게 바로 음악이에요!) 그때 "Electrical Walks"(일렉트리컬 워크)의 아이디어가 탄생하게 된 겁니다.

오 - "Cloud"(클라우드) 시리즈는 "Electrical Walks"(일렉트리컬 워크)와 같은 원리를 기반으로 한 작품인가요?

기술적으로 그렇습니다. 두 시리즈 모두 1970년대 말 처음 선보인 이후, 전자기(electromagnetic) 유도의 가능성을 기술적 및 예술적으로 꾸준히 발전시켜 구동되는 작품입니다. 기본 아이디어 중 하나는 관람객/청중에게 자신만의 개별적 시간과 이동 공간을 제공하는 것입니다. 2004년부터 여러 나라에 수많은 장소에서 50개 이상의 다양한 버전을 구현한 "Electrical Walks"(일렉트리컬 워크)에서는 관객들이 제가 개발한 특수 헤드폰을 착용하여 그 장소의, 그 도시의 거리를 걷는 것입니다. 그들이 최대한 흥미롭고 다채로운 소리를 접할 수 있도록, 제가 이전에 직접 탐색한 경로로 관객이 따라가죠. 하지만 "Electrical Walks"(일렉트리컬 워크)는 개별적 장소들을 이야기해 나가는 것이 아닙니다. 우리를 둘러싸고 있는 전자기 네트워크 속에서 '걷는다'는 개념이 먼저 인 거죠. 걷는 동안 천천히 관찰하고 듣는 것이 여기서 가장 중요한 활동으로 여겨져야 합니다. 그 길이 곧 목적인 거죠. 이러한 '전류 듣기'는 일상에 대한 우리의 인식을 크게 변화시킵니다. 익숙한 것이 다른 맥락에서 새롭게 나타나죠. "Electrical Walks"(일렉트리컬 워크)에서 작가인 저는 그 장소에 전혀 개입하지 않습니다. 제가 케이블을 설치하지 않으니, 작곡도 할 수 없죠. 그러나 다른 곳에서 진행한 것과 마찬가지로, 이곳에서도 모든 것이 동일하게 이뤄질 수 있죠. 시리즈

"Cloud"(클라우드)의 경우에는 미학적으로 다르다 할 수 있습니다. 눈에 보이고 들리는 재료와 형태를 의식적으로 선택하고 조형화한 작품이죠.

오 - "Cloud"(클라우드) 작품에 대해 좀 더 자세히 설명해 주시겠어요?

2011년부터 전자기 유도를 이용한 사운드 설치 작품 "Cloud"(클라우드) 시리즈를 선보이고 있습니다. 시각적 오브제이자 사운드 조각품이기도 한 이 설치물은 공중에 매달린 구조물로, 약 1,500미터의 검정 또는 다른 색상들의 전선으로 이루어져 있죠. 관객들은 사운드 설치물의 숨겨진 음향적 세계를 탐구할 수 있는 특별 제작된 유도기 헤드셋을 받게 됩니다. "Cloud"(클라우드)의 소리는 전자기(electromagnetic) 유도 시스템에 의해 송수신되고요. 소리 지점들은 비가청 영역대의 전자기장(電磁氣場, electromagnetic field)이지만, 제가 개발한 특수 유도기 헤드폰을 사용하면 이를 들을 수 있게 되지요. 그 음파들은 데이터 처리 센터, 서버실, 보안 시스템, 사무실 등 여러 장소에서 비롯된 것입니다. 관객들은 '구름' 아래서 각자의 동선에 따라 12개의 오디오 채널을 직접 믹싱할 수 있죠. 그 걸음은 매번 새로우면서도 고유한 개별적 사운드 조합을 만들어냅니다. 홍콩(2012년), 비엔나(오스트리아, 2015년), 오사카(일본, 2016년), 낭트(프랑스, 2019년), 프라하(체코, 2022년), 제네바(스위스, 2023년) 등 다양한 장소에서

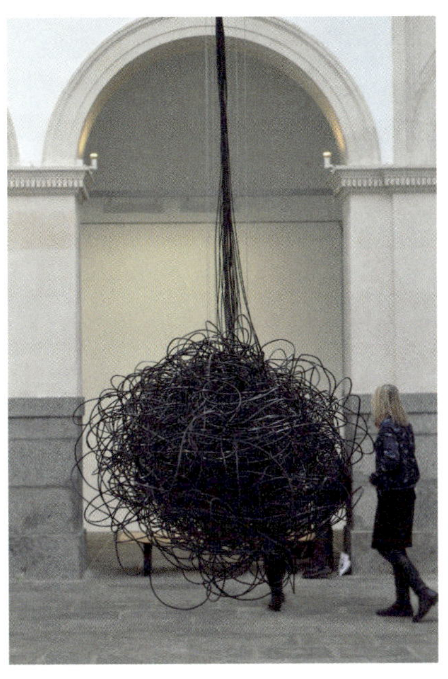

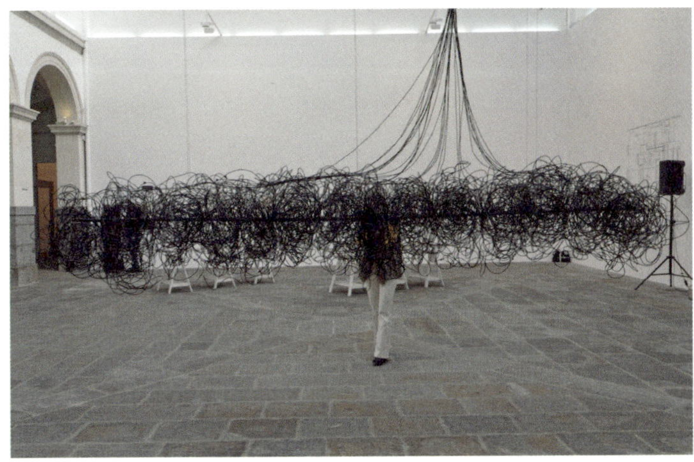

크리스티나 쿠비쉬(Christina Kubisch), "Cloud", 전기 케이블, 전자 유도기 특수 헤드폰,
멀티 채널 작곡, 프랑스 렌 미술관(Musée des Beaux-Arts de Rennes), 2019

사진: 크리스티나 쿠비쉬(Christina Kubisch)

"Cloud"(클라우드)를 전시한 바 있습니다. 또한 2017년부터 샌프란시스코 현대미술관(Museum of Modern Art in San Francisco)의 컬렉션에 포함되어 있고요.

오 - 작가님의 많은 작품에서 오디오 케이블은 단순히 목적을 위한 수단이 아닌, 그 자체로 설치물의 미적 요소입니다. 어떻게 이런 아이디어를 떠올리게 되었나요?

사실 아티스트로서 '아이디어'를 떠올리는 일은 결코 없습니다. 기술을 다루는 것과 같은 방식과 종류는 시간이 지나고 경험을 통해 발전하죠. 저는 제 작품에서 기술을 숨기고 싶지 않습니다. 전선의 시각적 퀄리티를 좋아하고, 또 제가 회화를 전공해서 그럴까요. 케이블로 그래픽적인 효과 연출을 굉장히 즐겨합니다.

슈 - 기술 없이 클랑쿤스트(Klangkunst)는 불가능합니다. 스피커나 헤드폰, 앰프, 케이블 - 이 모든 것을 직접 만들지 않고 어느 정도는 대량 생산된 공산품에 의존해야 하고요. 이 부분이 작업을 하기에는 딜레마가 되진 않나요? 아니면 오히려 더 흥미로울 수 있나요? 그것도 아니면 둘 다일까요?

둘 다입니다. 저는 제 작업을 위해 많은 것을 제작했고, 자비로 많은 투자를 했으며 기기를 개조하기도 했죠. 예를 들어, 최초의 CD 플레이어에는 한 곡이 세 번 이상 반복되면 자동으로 전원이 꺼지는 기능이 내장되어 있었습니다. 즉, 이러한 CD 플레이어는 연속 플레이 설치에 사용할 수 없기에 우선 개조를 해야만 했죠. 오늘날 장치에는 지속적으로 플레이가 되도록 설계되어 있기 때문에 설치 작품에 훨씬 쉽게 사용할 수 있습니다. 하지만 저에게 개발이란 것은 기성품에 없는 무언가를 구현할 수 있다는 것에 가깝습니다. 또한 무언가를 직접 만들거나 제작을 의뢰하는 것도 하나의 기회라고 생각하고요. 화가가 본인만의 테크닉을 가지고 있고, 특정 색상과 캔버스 등을 사용하는 것처럼 저희는 다양한 스피커, 앰프, 케이블 등을 사용하는 거죠.

슈 - 떨어뜨렸거나 부분적으로 파손된 결함이 있지만 시중에 판매되는 일부 기기는 작가로부터 아름다운 효과를 부여받아 미적 감각으로 되살아나거나 이를 불러일으키는 데 정말 적합하죠. 작가님도 그렇게 멋진 발견을 하셨고요.

저는 전자제품 카탈로그의 열렬한 팬이고, 전자 게임분야를 포함, 어떤 특이한 물건이 있는지 항상 살펴보죠. 제가 발견한 것 중 하나는 동물을 쫓아내는 데 사용되는 소형 초음파 장치였습니다. 사람의 귀로는 들을 수 없을 정도의 상당히 높은 전압입니다. 하지만 가엾은 동물들은 그것을 들을 수 있었죠. 그 포장지에는 놀랍기도 하면서 이상한 그림 하나가 있었는데요. 사슴 한 마리가 자동차 지붕 위에 장착된 초음파 장치로 겁에 질려 앞으로 도망치는 모습이었죠. 이 장치를 구입했고, 전기 출력을 약하게 가하면 어떤 일이 일어나게 될지 생각해봤죠. 조절 가능한 변압기로 시도해 보니 초음파 모듈에서 매우 흥미로운 소리가 나기 시작했습니다. 전류를 낮게 가할수록 실제로는 더 흥미로웠죠. 곤충 소리처럼 들리기도 했고, 개구리 소리처럼 들리기도 했습니다. 저는 다양한 모델을 구입해 시험한 후, 이 전류 변화로 재생되는 사운드 모듈 제작을 맡기게 된 거죠. 그러다 어떻게 하면 모든 것을 사전 프로그래밍 없이 전류 변화를 줄 수 있을지 고민했었습니다. 그러던 중 시중에 판매되는 태양전지를 떠올렸죠. 태양전지는 빛의 세기에 따라 전기를 생성하는데요. 내부 공간에 위치한 초음파 장치의 배터리 전체를 외부 공간의 태양전지와 연결하여, 빛의 세기, 시간, 구름 밀도의 정도에 따라 항상 다른 소리를 내보낼 수 있게 되었죠. 그리고 이 아이디어는 빛을 들을 수 있다는 것이 되고요. 이건 장치의 기능을 어떻게 변환할 수 있는지를 보여주는 한 가지 예일뿐이죠. 그러나 요즘은 대부분 케이블을 꽂을 수 있는 작은 구멍의 하우징에 불과합니다. 더 이상 이들을 개조하고 본 기능을 능가하는 것이 쉽지 않게 되었어

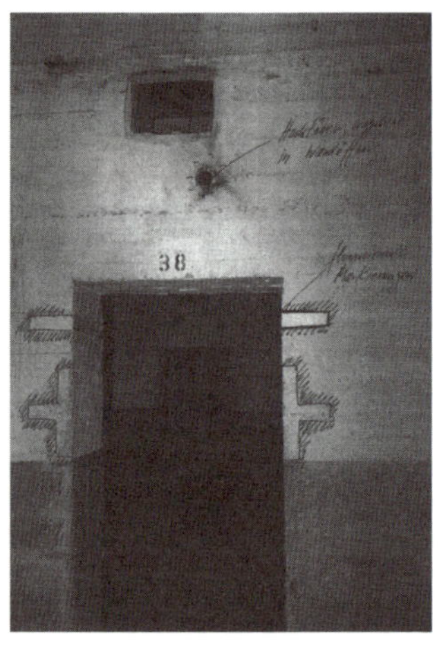

크리스티나 쿠비쉬(Christina Kubisch),
"40 kHz",
베를린 에렌펠트 벙커(Ehrenfeld Bunker Berlin) 설치를 위한 스케치, 1992

사진: 아카이브 쿠비쉬(Archive Kubisch)

요. 안타까울 뿐입니다.

슈 - 방금 스케치한 그 작품은 무엇이죠?

"40 kHz" 제목의 작업 스케치입니다. 2006년도에 만들었죠. 이러한 실내/실외 설치의 여러 시리즈가 있습니다.

슈 - 도록은 작품을 기록하는 데 적합한 매체인가요?

클랑쿤스트(Klangkunst)를 기록화한다는 것은 어려운 일입니다. 감각적이고, 공간적이고, 경험적인 것을 문서화하기란 거의 불가능하죠. 작품집은 제가 여전히 소중하게 여기는 문서화의 한 형태이죠. 또한 도록에 CD나 DVD가 수록된다 하더라도 제가 하는 일의 일부만 반영될 수 있다는 것도 잘 알고 있고요. 하지만 그렇게 감수하고 살아야만 해요. 모든 것을 기록화 할 수도 없고 해서도 안됩니다.

슈 - 그러나 영상 기록물이 있다면, 작가님이 다른 분들에게 작품 설치를 할 수 있도록 한다면, 그것 또한 괜찮을텐데요. 캔버스 페인팅이나 악보와 달리, 현장에 사운드 아티스트가 없으면 작품을 설치하는 것이 거의 불가능하니 말입니다.

그렇죠. 그래서 저는 중요한 작업은 여러 단계에 나눠서 기록화하기 시작했습니다. 예를 들어, 제가 가장 좋아하는 작품 중 하나인 "Der Vogelbaum"(버드트리, 2005)은 제가 현장에 없이도 설치 가능한 작품이죠. 실제 새의 울음소리를 녹음한 14채널의 대형 벽면 작품인데요, 그 소리들이 마치 전자음처럼 들려 매우 특이하게 느껴지죠. 저는 이 작품을 여러 번 전시하면서 설치 과정을 각 단계별로 잘 기록화 할 수 있겠다는 것을 깨달았습니다. 설치 작품을 전시장에 옮기는 것은 통상적으로 새로운 작업들이 수반될 수밖에 없기 때문에 대게 현장에 아티스트가 있는 것이 중요하죠. 우리는 약간의 기존의 것들을 반복 설치하면서 끊임없이 새로운 것을 만들어내는 겁니다. 물론 우리는 그곳에 있어야 하고요. 하지만 기본적으로 어느 정도 단계가 명확하고 정해진 작업에서는 작가가 매번 갈 필요 없이 어시스턴트가 해준다면 좋겠죠. 주로 시간 문제입니다. 사운드 아티스트인 저희들은 굉장히 많은 일을 동시에 해야 하기에, 종종 부담감에 압도당하곤 하죠. 우리는 모든 것을 체계적으로 준비해야 합니다. 기술 장비도 준비해야 하고, 운송도 해야 하죠. 전시 설치와 철수 때도 대부분 현장에 있고요. 우리는 사운드도 작곡을 하죠. 주최 측과 논쟁을 벌이기도 합니다. 다른 아티스트들은 갤러리스트와 큐레이터가 있기 때문에 그들이 할 필요가 없는 많은 일을, 우리는 동시에 해야 하죠. 그러다 보니 시간이 부족할 때가 많습니다. 우리는 다른 시각 예술가들에 비해 수입도 상대적으로 적습니다. 그렇기에 많은 사운드 아티스트들이 다른 활동도 병행해야 하죠.

슈 - 수십 년 또는 심지어 몇 년 후에는 작가님이 직접 개발한 기술 장치와 설치 재구현에 필요한 장비의 작동법을 아무도 알지 못하게 될 수도 있습니다. 그렇다면 모든 작품들을 항상 최신 기술에 맞게 조정해야 하지 않나요?

이제는 많은 양의 음향 작업들도 외장 드라이브 하나에 저장할 수 있죠. 그 외에도 저는 글로 메모를 많이 합니다. 하지만 이 메모를 시간이 지난 후 모두 할 필요는 없죠. 어차피 몇 년 후에는 질문에서 언급한 그 문제들을 아무도 처리할 수 없기 때문에 거의 작동되기 어려울 수 있습니다. 예를 들면, 베를린에 위치한 기관인 독일예술원(Akademie der Künste)에는 다양하고 광범위한 음악 아카이브가 있는데요. 그곳에서는 언제든지 오래된 오픈릴 테이프(reel-to-reel audio tape)를 들을 수 있고 옛 영화도 볼 수 있죠. 하지만 불과 몇 년 전 디지털 시대로 거슬러 올라가 보면, 특정 디스크의 재생을 위한 컴퓨터와 소프트웨어가 현재는 없는 경우가 있습니다. 기술이 스스로를 따라잡는 것이죠. 다시 재구성하는데 필요한 많은 장비들을 어딘가에 쌓아 둘 수 없을 정도로 급속한 발전이 이루어지고 있습니다. 저는 그 점이 매우 흥미롭습니다. 세계의 디지털화는 저의 예술적 주제 중 하나이기도 합니다. "Electrical Walks"(일렉트리컬 워크)와 다른 작품에서도 그렇죠. 그러나 조금만 뒤로 물러서서, 이렇게 말할 수 있을 겁니다. 이 모든 것이 어차피 그리 중요한 것은 아니지 않냐고요.

슈 - 1970년대와 1980년대에 카세트 테이프와 레코더로 많은 작업을 하셨죠. 아직도 모두 가지고 계신가요?

네, 그리고 아니요. 아주 좋은 카세트 레코더 하나가 있어요. 카세트 테이프들도 있고요. 모두 최상의 상태이지만 그 내용들을 외장 드라이브로 옮겼습니다.

슈 - 아날로그 카세트 레코더로 작업할 때 몇 가지 특수성도 있는데요. 대부분 모노 스피커가 장착되어 있는 경우가 많고, 한 설치에 여러 대를 사용하는 경우 기기 간에 시간 지연이 발생하기도 합니다. 이렇게 내재된 결함들도 디지털 버전에서 시뮬레이션되거나 동일하게 새로 작곡되어야 하죠.

지금 약간, 향수(鄕愁, nostalgia)를 불러일으키는 것에 대해 말하는 거죠? 저는 전혀 이를 느끼지 못합니다. 당시 카세트 레코더는 제게 그저 수단이었을 뿐이죠. 미학적으로 특별한 만족을 느끼진 않았습니다. 사실 일주일이 지나면 너무 닳아서 실제 녹음의 절반만 들을 수 있는 3분짜리 릴 테이프보다 사용하기 쉬운 점을 더 좋아했던 것 같습니다. 이미 제 초창기 설치작들에서 가청 주파수 유도 시스템(audio induction loop)을 사용했기 때문에, 모노 스피커의 미학을 실제로는 전혀 적용하지 않았죠. 나중에야 하게 됐죠. 음원/영상 자료들을 매끄럽게 만드는 디지털화도 분명 하나의 문제입니다. 하지만 이런 삐걱대는 소리, 딸깍이는 소리, 컷 되는 소리들을 추가적으로

넣는 이런 인위적 시도도 문제가 되죠. 향수를 불러일으키는 이 논쟁은 흥미롭지만 저에게 가장 중요한 부분은 아닙니다.

슈 - 그럼 무엇이 가장 중요한가요?

가장 중요한 것은 간단합니다. 특정 시기에 만들어진 작품이 처음 구상되었던 방식으로 재건될 수 있는 작업인 거죠.

슈 - 작가님에겐 무엇이 침묵(Stille/Silence)인가요?

무엇이 침묵이냐고요? 고전적인 침묵은 당연히 그 어떤 소리도 없는 부재의 상태를 말하지만, 그런 것은 존재하지 않죠. 우리는 이를 오랫동안 알고 있었습니다. 저에게 침묵은 시각적으로나 청각적으로나 평생의 주제이기도 하죠. 예를 들어, 저는 독일 낭만주의 문학에서 '침묵'(Stille)이라는 단어가 어떻게 사용되는지 연구한 적이 있습니다. 대부분 이 침묵은 보통 소리로써 묘사되는데, 그 예로, 깊은 계곡 저 멀리서 갑자기 나팔 소리가 나오고, 졸졸졸 시냇물 흐르는 소리도 나오죠. 소리가 커지면 들리지 않던 소리가 들리는 거죠. 실제로 낭만주의자들은 산업화가 막 시작되던 시기에, 한 시대를 내다보고 있었습니다. 다시 말해, 점점 소리가 커지게 되는 시기, 전체 음향적 환경 또한 극적으로 변하는 때였습니다. 그렇기에 낭만주의에서 '침묵'이라는 단어가 자주 등장하는 것은 아무것도 아니죠. 저는 이러한 인용문으로 작업하고 오디오 작품과 시각적 설치물을 만들었습니다. 그러다 20세기로 넘어갔죠.

침묵은 때때로 죽음, 부재, 실존적 두려움을 대신하기도 합니다. 존 케이지의 말처럼 침묵은 곧 소리이고, 소리는 곧 침묵입니다. 저의 침묵 시리즈 작품 중 시청각 설치물 "Silent Exercises"(조용한 연습, 2011)에서는 여러 나라의 사람들이 모국어로 '침묵'을 말하죠. 모든 '침묵'이란 단어는 발음 방식을 포함하여 굉장히 특별한 단어이기에 정말 흥미로웠죠. 예를 들어 이탈리아어 'silenzio', 영어와 프랑스어 'silence', 영어 'stillness', 독일어 'Stille' 등 많은 '침묵'이란 단어는 매우 유사합니다. 특히 침묵, 고요, 정적, 적요, 적막, 휴지, 묵음 등 한국어에는 이를 뜻하는 단어가 정말 많습니다. 다른 언어에도 여러 단어들이 있죠. 이런 의미에서 '침묵'은 소리의 부재, 그리고 존재이기 때문에 항상 저를 매료시키는 주제이기도 합니다.

슈 - 방금 전, 연구를 한 적이 있다고 하셨습니다. 작가님은 연구자인가요?

연구원, 발명가 - 꽤 괜찮네요. 제 할아버지 중 한 분은 발명가이자 엔지니어셨고, 다른 한 분은 모형 제작자였습니다. 연구는 억누를 수 없는 제 호기심의 일부에서 비롯되죠. 저는 가끔 결과가 어떻게 나올지 모른 채, 고민하지 않고 일을 시작해버리는 것 같습니다. 정확히 어디로 가는지 모른 채 무언가를 알고자 하는 의지는 모든 실험적인 작업의 기본이죠. 그래서 저는 이미 제 자신을 실험적인 사운드 작업자로 보고 있습니다.

슈 - 또한 연구란 체계적으로 작업하는 것을 의미하죠.

저는 특히 수집한 물건에 관해서는 소름 돋을 정도로 교과서적이고 체계적일 수 있는데요. 서랍에 보관하고 한데 모아두죠. 저는 그 사이에서 연관성을 찾으려고 노력합니다. 물론 이것은 과학적 연구가 아닌, 실증적 연구죠. 전자기(electro-magnetic) 사운드는 제 '수집 영역'이고요. 예들 들자면, 저는 보안 게이트의 다양한 소리를 수집하죠. 매장 출입문의 다양한 전자 보안 시스템에서는 매우 단단하고 두들기는 소리가 나죠. 베를린에 있든, 시카고에 있든, 타이베이에 있든, 동일한 소리를 내는 경우가 많습니다. 그러나 매우 특별한 소리도 있죠. 물건이 저렴할 수록 소리음이 더 크게 들리는 경향이 있습니다.

슈 - 다시 한번 묻겠습니다. 클랑쿤스트(Klangkunst)란 무엇인가요?

클랑쿤스트(Klangkunst)는 우리가 지금 대화 나눴던 것, 모두입니다. 그리고 제가 생각한 그 이상이고요. 클랑쿤스트는 제 삶입니다. 클랑쿤스트는 저를 계속해서 매료시키고 있죠. 소리의 예술, 예술적 사운드는 미래가 있는 분야입니다.

슈 - 클랑쿤스트(Klangkunst)는 우리 사회에 등장한 걸까요?

이제 미술관들도 클랑쿤스트(Klangkunst)에 주목하고 있습니다. 하지만 그곳에서 일하는 상당수의 큐레이터들에게는 듣는 것에 전혀 흥미를 못 느끼는 경우가 많다고 생각합니다. 또한 작품이 놓인 한 구석 자리보다 더 멀리 도달하는 사운드의 특별성에 관해서는 고려하지 않고요. 이것은 종종 음향적 혼돈으로 이어지며, 당연히 경악하게 만들죠. 이렇듯 소리는 한 자리에 머무르지 않기 때문에 클랑쿤스트 컬렉팅은 쉽게 이뤄지지 않습니다. 그 외에도 소리는 공간을 필요로 하는데, 미술관에는 일반적으로 이에 필요한 공간이 충분치 않죠. 컬렉터들에게도 마찬가지고요. 그들 또한 많은 공간을 갖고 있진 않죠. 그래서 그들은 조용하고, 작고, 오브제적인 작품을 원합니다. 클랑쿤스트는 여전히 틈새 예술입니다.

오 - 그렇다면 클랑쿤스트(Klangkunst)에 대한 경험이 거의 없는 큐레이터와의 만남에서 가장 중요한 부분은 무엇인가요? 그들에게 이 장르를 어떻게 소개하나요?

사실 저는 그런 사람들과는 일을 진행하지 않습니다. 미술관 큐레이터들이 사운드 설치 작품의 시각적 측면에 더 관심이 많은 것이 일반적이라고 할 수 있죠. 그렇지만 전시된 최종 작업에서 소리가 시각보다 감각인지에 더 강한 영향을 주게 되면 그들 또한 굉장히 놀라워합니다.

슈 - 공예와 예술, 산업, 공장 지대와 예술, 발견한 것, 구매한 것, 자연과 예술 그리고 소리. 이 다양한 측면이 작업에서 서로 얽혀 있는 경우가 많습니다. 때로는 프로젝

트 "Clocktower"(1997-1999)처럼 영구적으로 유지되
는 경우도 있죠.

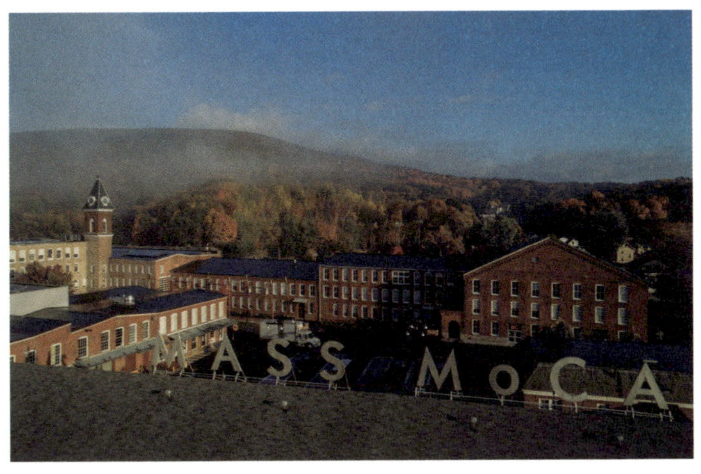

네, 초창기 영구 작품 중 하나는 매사추세츠 현대미술관
(MASS MoCa)에 전시되어 있습니다. 그곳은 거대한 방적공장
이었습니다. 1940년대에는 전기 공장으로 운영했으나, 그 후
문을 닫게 되었죠. 오늘날 이 건물은 무엇보다 수많은 설치
예술에게 자리를 내주었습니다. 저는 미술관 개관을 기념해
설치물 제작 요청을 받았죠. 당시 그곳은 그저 버려진 공장이
었습니다. 흥미로웠던 것은 그 중앙에 교회 첨탑 양식의 커다
란 탑이었죠. 탑 안에는 두 개의 전자종과 시계 한 대가 있었
고요. 종교적 의식이 아닌 근무일 9시부터 5시까지를 알려주
는 신호 장치였죠. 종소리가 울리면 노동자들은 지금이 몇 시
인지를 알 수 있었습니다. 지역이 그리 크지 않았기에 사방에
서 종소리가 울려 퍼지는 것을 들을 수 있었죠. 제가 그곳에

크리스티나 쿠비쉬(Christina Kubisch), "Dreaming of a Major Third"(1998),
태양열 가동 시스템의 사운드 설치, 매사추세츠 현대미술관(MASS MoCa) 시계탑

사진: 아카이브 쿠비쉬(Archive Kubisch)

도착했을 때는 종이 녹슬어 있었습니다. 더 이상 작동하지 않았죠. 저는 그곳에서 노인들과 이야기를 나눴습니다. 언제부턴가 공장이 문을 닫게 되었고, 그들이 그 '시간'을 그리워한다는 것을 제게 전하였죠. 지금은 사라진 이 종소리가 예전에는 하루를 구성하는 역할을 한 겁니다. 처음에는 어떻게든 종소리를 다시 가져와야겠다는 생각이 들었습니다. 그러나 그렇게 되진 않았죠.

저는 이 기간 동안 태양전지 작업에 굉장히 열중했기에 그 사람들을 위해 그곳에 다른 유형의 시계를 설치하는 것을 고려하게 됐죠. 저는 한 팀과 함께 망치로 종을 두드리고, 손으로 진동시키고, 종 안쪽으로 노래를 부르면서 1,000개의

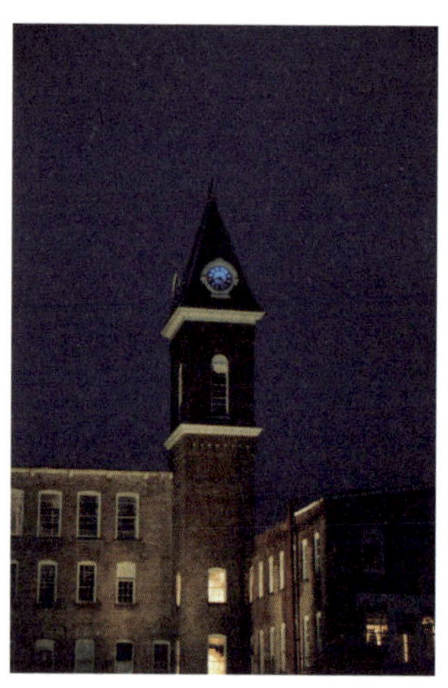

크리스티나 쿠비쉬(Christina Kubisch),
"Dreaming of a Major Third",
태양열 가동 시스템의 사운드 설치,
매사추세츠 현대미술관(MASS MoCa) 시계탑, 1998

사진: 작가 제공 - 쿠비쉬 아카이브 (Archive Kubisch)

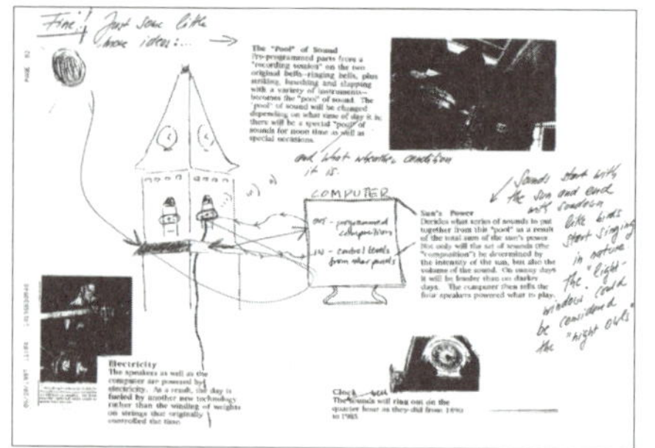

크리스티나 쿠비쉬(Christina Kubisch),
"Dreaming of a Major Third",
기술 스케치, 1998

사진: 작가 제공 -
쿠비쉬 아카이브 (Archive Kubisch)

소리를 녹음했습니다. 당시, 현재의 매사추세츠 현대미술관 (MASS MoCa) 건물 근방에 음악원이 위치하여, 그곳 학생들과 함께 굉장히 다양한 사운드 레이어를 제작했고요. 이렇게 만들어진 사운드 샘플 풀(pool)은 항상 3시 30분 정시에 15분 동안 재생됩니다. 태양전지 프리즈는 현재 사용 가능한 빛의 양을 계산한 다음, 그에 따라 소리들의 조합을 선택합니다. 빛이 거의 없거나 아직 이른 아침에는 대부분 또렷한 부딪힘 없이 부유하는 소리들이죠. 날씨가 좋고, 햇볕이 내리쬐면 비교적 선명하고 리드미컬한 소리가 들리고요. 그곳 사람들은 몇 시 인지, 날씨가 어떠한지 알 수 있죠. 아무것도 들리지 않는다면, 그건 완전히 어둡거나 밤이라는 뜻입니다. 그런 후, 구름과 하루의 흐름에 따라 무언가를 듣게 됩니다. 그렇게 저는 그곳의 시간을 다시 돌려주었고, 이는 더 이상 노동 시간이 아닌 자연의 시간으로 말이죠. Nine-to-Five의 과거에 관한 작은 사운드 게임이 있습니다. 오전 9시와 오후 5시에 작은 징글 소리가 들리죠. 이 종소리들로 구성된 미니 작곡이고요. 그 소리들은 모두 컴퓨터에 저장되어 있죠. 그 작업은 매우 안정적으로 작동됩니다.

슈 - 이 프로그래밍은 팀으로 개발하셨나요?

그 프로그래밍은 베를린의 훌륭한 엔지니어 만프레드 폭스 (Manfred Fox)와 함께 개발한 것입니다. 그는 많은 사운드 아티스트들의 중요한 기술 파트너이기도 하지요. 우리는 이를 위해 여러 차례 미국을 방문했습니다. 이렇게 복잡한 설치는 아티스트 홀로 실현하기 어렵죠.

슈 - 작가님의 클랑쿤스트(Klangkunst) 덕분에 시민들이 그들의 청각적 방향을 다시 되찾은 거네요.

그렇죠. 그 종들이 있었던 자리에 4개의 특수 야외 스피커를 각각 하늘 방향으로 설치했기 때문입니다. 15분 간격으로 1~2분간 주변 지역 전체에서 그 소리를 들을 수 있죠. 예전 종소리만큼이나 큰 소리입니다. 이 영구 설치물 "Dreaming of a Major Third"(장3도를 꿈꾸며)는 두 종들이 결코 완전한 제3도의 음정(音程, interval)에 도달하지 못한다는 사실을 내포하고 있습니다. 많은 트릴(trill)-전음(顫音)은 있지만 순수한 음정은 없습니다. 이 새로운 '종'들이 기술적 결함으로 한 번 멈추었을 때 주민들이 바로 연락하여 '그들의' 소리를 돌려달라 요구했었죠.

슈 - 작품 "Dreaming of a Major Third"(장3도를 꿈꾸며)는 작가님이 가장 좋아하는 작업 중 하나인 것으로 알고 있습니다. 하지만 가장 좋아하는 작업도 있나요?

제가 가장 좋아하는 작업(work)은, 항상 제가 하고 있는 이 일(work)입니다.

슈 - 이제 작가님은 클랑쿤스트(Klangkunst)를 위한 큰 무언가를 시작할 수도 있을 것 같은데요. 안타깝게도 아직 상상 속의 리소스로만 있다면 그게 무엇일까요?

클랑쿤스트(Klangkunst) 역사에 관한 전시를 만드는 것입니다. 매우 멋지고 중요한 일이 되겠죠. 구작(舊作)과 신작(新作)이 함께하는 겁니다. 일반적으로는 최신 작품들로만 발표되고 홍보되지요. 이 분야에서 오래된 역사적인 작품들이 재연으로 전시되는 경우는 매우 드뭅니다. 하지만 조형 예술에서는 이전 기술과 신기술 그리고 아이디어들을 비교하며 보존도 할 수 있도록 하는 것이 중요하며, 이는 하나의 실천이기도 합니다. 그런 전시는 정말 멋질 겁니다.

슈 - 작가님에게 모든 문이 열려 있다면, 앞으로 어떤 분야를 연구해보고 싶은가요?

절대 접근할 수 없는 곳에서 녹음해보고 싶습니다. 예를 들면, 실리콘 밸리, 구글 농장 또는 외딴 시골 한가운데에 있는 거대한 서버 센터에서요. 이러한 디지털 공장은 비물질적이면서 멋지고 자유로운 무선 세계에 대한 환상이 파괴되지 않도록 발견되지 않고 숨겨져 있어야만 하죠. 우리의 스마트 폰이 생명력을 얻는 곳에서는 끊임없이 많은 양의 전력이 소비되고요. 또한 그곳은 대체 전력을 위해 디젤 발전기를 작동시키면서 엄청난 시끄러운 소리가 나죠. 그 숨겨진 곳에는 우리가 실제로 알아야 하고 무엇보다 들어야만 하는 많은 일들이 존재합니다.

3

"우리의 귀도 조율해야 하죠."

아놀드 드레이블랫

"우리의 귀도 조율해야 하죠."

아놀드 드레이블랫 / Arnold Dreyblatt

1953년 뉴욕 출생인 그는 1970년부터 1974년까지 뉴욕주 뉴팔츠에 있는 뉴욕주립대학교(State University of New York at New Paltz)에서 문학과 미디어 비평(1974년 B.A.)을 올버니 위치한 뉴욕주립대학교(University at Albany, SUNY)에서 조엘 차다베(Joel Chadabe)에게 전자 음악 작곡을 공부했다. 1974/75년 버팔로(Buffalo, NY)에 있는 뉴욕주립대학교(University at Buffalo, SUNY)의 미디어 연구 센터에서 비디오 아트를 공부(1976년 M.A.), 폴린 올리베로스(Pauline Oliveros), 모튼 펠드먼(Morton Feldman), 존 케이지(John Cage)의 여름작곡워크샵 과정에도 참여했다. 1975년부터 1977년까지 다시 뉴욕으로 오면서, 작곡가 라 몬테 영(La Monte Young)의 조수로 일하며 개인 레슨을 받았고, 비디오 아티스트 구보타 시게코(Shigeko Kubota)와 백남준의 조수로도 활동했다. 1979년에 그는 앙상블 'The Orchestra of Excited Strings'(신나는 현의 오케스트라) 창단하여 활동했으며, 1980년부터 1982년까지 코네티컷(Connecticut)에 위치한 웨슬리언 대학교(Wesleyan University)에서 앨빈 루시어(Alvin Lucier)에게 작곡을 배웠다.(1982년 M.A.) 1983년부터 1986년까지 서베를린과 부다페스트에서 해외 프로젝트 장학금으로 체류하였으며, 1987년부터 1989년까지 벨기에의 리에주(Liège)에서 살았다. 그는 1989년부터 현재까지 베를린에 거주하고 있다. 1996년에는 뤼네부르크 국립대학교(Universität Lüneburg), 1998/99년에는 베를린 바이쎈제 국립예술대(Kunsthochschule Berlin-Weißensee), 2001년부터 2003년까지 자르브뤼켄(Saarbrücken) 국립조형 예술대학(Hochschule der Bildenden Künste Saar)에서 미디어 아트를 가르쳤다. 2009년에는 독일 킬(Kiel)의 무테지우스 국립예술대학(Muthesius Kunsthochschule)에서 미디어 아트 교수로 임명되어 2022년까지 가르쳤으며, 2007년부터 독일연방국 예술진흥기관인 독일예술원(Akademie der Künste)의 위원으로 위촉되어 활동하고 있다.

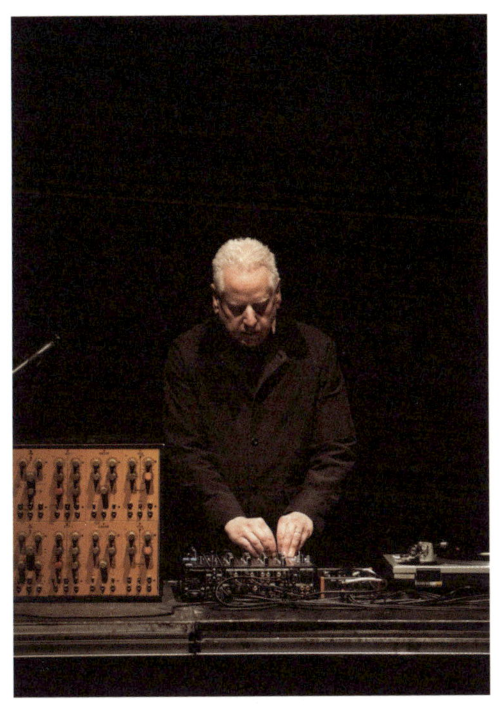

슈 - 아놀드 드레이블랫 작가님, 당신은 사운드 아티스트인가요?

아마도 아닐 겁니다. 저는 제 자신을 아티스트라고 부릅니다. 모든 것을 포괄할 수 있기 때문이죠. 베를린은 사운드 아트의 중요한 역사적 장소였고 이 씬(scene)의 사람들과도 친밀하게 지냈죠. 저는 사운드 설치물도 만들었지만, 한 분야에서만 작업하는 것은 제 목표가 아니었습니다. 저는 다양한 형식으로 작업합니다. 사운드 아티스트를 소리와 공간으로만 작업

아놀드 드레이블랫(Arnold Dreyblatt),
"Blockcage", 베를린 독일예술원(Akademie der Künste) 공연에서, 2021

사진: 모리츠 하쎄(Moritz Hasse)

하는 사람으로 정의 내린다면, 그건 제 프로필에 맞지 않죠.

슈 - 하지만 음악을 하시죠? 어떻게 시작하게 되셨나요?

설명하기엔 정말 복잡한데요. 저는 음악적으로 여러 작곡가에게 사사했지만 사실 독학으로 배웠습니다. 어머니는 화가이셨고, 아버지는 클래식 콘서트를 비롯한 음악 애호가셨죠. 저는 1960년대 뉴욕에서 자랐고, 항상 음악을 만들고 싶어했습니다. 당시에는 음악에서 발견할 것들이 많았죠. 존 케이지(John Cage, 1912-1992)의 같은 재즈와 신음악/현대음악(Neue Musik)에 관심 있었습니다. 학부 시절, 마샬 맥루한(Marshall McLuhan, 1911-1980)의 제자였던 어빙 와이스(Irving J. Weiss, 1921-2021)에게 문학 연구와 미디어 비평을 배웠고, 전자음악

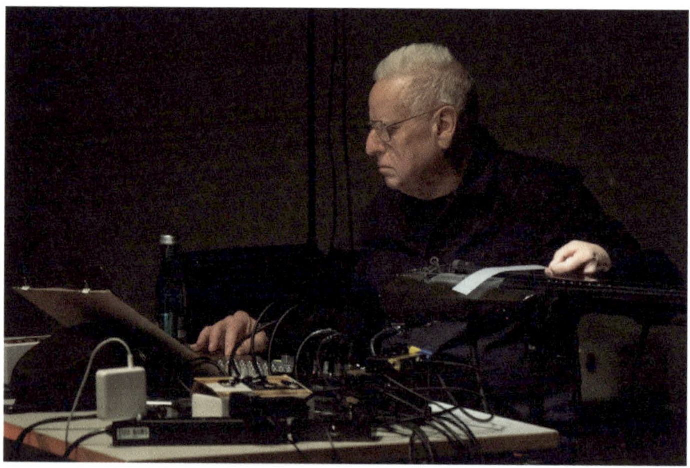

아놀드 드레이블랫(Arnold Dreyblatt), "Constructive Interference",
베를린 독일예술원(Akademie der Künste) 공연에서, 2022

사진: 크르지스토프 지엘린스키(Krzysztof Zielinski)

을 조금 실험하기도 했죠. 그 후, 1974년과 1975년에 뉴욕주 버팔로(Buffalo, NY)에 위치한 뉴욕주립대학교(The State University of New York)의 미디어 연구 센터에서 스테이나 바술카(Steina Vasulka, *1940)와 우디 바술카(Woody Vasulka, 1937-2019)에게서 배웠습니다. 아마도 최초의 뉴미디어 연구소 일 겁니다. 그리고 그들은 뉴욕에서 비디오, 공연, 새로운 현대 음악을 위한 유명한 장소인 '더 키친'(The Kitchen)의 설립자이기도 하고요. 저는 음악가나 작곡가가 아니었지만, 음악학부에 다녔죠. 당시 작곡가 모튼 펠드먼(Morton Feldman, 1926-1987)이 음악 학부의 학과장이었는데, 〈6월의 버팔로〉(June in Buffalo)라는 프로그램을 그가 맡았었습니다. 펠드먼은 한 달 동안 진행되는 이 세미나에 폴린 올리베로스(Pauline Oliveros, 1932-2016)와 존 케이지와 같은 작곡가들을 초청했었어요. 그리고 더 이상은 유명하지 않지만 전자 음악에서 중요한 작곡가인 조엘 차다베(Joel Chadabe, 1938-2021)도 그 중 한 명이었죠. 저는 그에게 감사할 것이 정말 많습니다. 그는 기술적인 측면과 음향적인 측면을 정말 잘 설명해 줬죠. 버팔로에는 대형 모그 신시사이저(Moog-Synthesizer)가 있었는데, 그가 많은 시연을 해줬어요. 그건 제게 정말 중요한 순간이었죠. 그리고 저의 첫 음악 선생님인 폴린 올리베로스는 엄청 개방적이었습니다. 당시 그녀가 담당한 9명의 작곡과의 모든 학생들은 상당히 보수적인 음악 교육을 받았었지만 저는 예외였죠. 〈6월의 버팔로〉가 끝날 무렵, 그녀는 어떤 특별한 계획 없이 학생 한 명 한 명을 개별적으로 초대해, 함께 하루 종일 시간을 보냈어요. 학생들이 직접 프로그램을 만들 수 있었죠. 다른 학생들은 그들의 작곡을 하루 종일 연주하고 그녀와 함께 토론했던 것 같아요. 제가 초대받은 날, 저는 이렇게 말했었죠. "제 차로 드라이브해요!" 그렇게 저희는 교외로 드라이브를 하며 편하게 이야기 나눴어요. 실제로 그건 정말 특별한 교육적 상황이었습니다. 그런데 갑자기 제 차가 고장이 나더군요. 저희는 오지 한가운데에 있었고, 비까지 쏟아졌죠. 폴린과 함께한 그 여정을 저는 절대 잊지 못할 겁니다. 폴린에게도 자주 이야기 하곤 했어요.

오 - 모든 것이 버팔로(Buffalo, NY)에서 일어났나요?
버팔로는 당시 매우 흥미로운 곳이었습니다. 디트로이트(Detroit)처럼 완전히 망가진 도시였죠. 문학이 매우 중요했고요. 예술가 로버트 롱고(Robert Longo, *1953)와 신디 셔먼(Cindy Sherman, *1954)도 이곳에 '홀월스'(Hallwalls) 갤러리를 설립했어요. 독일계 미국인으로 전자음향 악기의 선구자이자, 로버트 모그의 신시사이저 회사에서 수석 엔지니어로 일했던 하랄트 보데(Harald Bode, 1909-1987)도 그곳에 있었죠. 그 밖에도 정말 흥미로운 사람들이 많았습니다. 뉴욕주립대의 미디어 연구학과에는 충분한 자금이 마련되어 있었고요. 학문적 공간 외에도 실험 영화와 비디오 아트의 상영 센터인 퍼블릭 액세스(Public Access)가 있었는데, 미국이나 유럽에서 온 예술가들이 자신의 작품에 대해 소개하는 강연이 열리는 곳이기도 했죠. 미디어 학과는 음악 학부와도 많은 협업을 했었습니다. 당시에는 광파, 음향파, 에너지파 등 '파동'(waves)에 대한 많은 토론이 오갔어요. 저에겐 소리가 공간의 모든 방향으로 파동처럼 퍼져나가는 모습이 인상적이었습니다. 제 첫 번째 작품은 비디오를 이용한 4개의 스트로보스코프(strobo-scope) 연구였고요.

오 - 그럼, 소리는요?

소리도 있었죠. 1975년에는 여러 채널에 분산된 사인파(sine wave)로 구성된 사운드 설치물 "Beats"도 만들었고요. 그러고보니 제게 중요한 순간이 있었네요. 작곡가 하워드 스컴튼(Howard Skempton, *1947)의 집에서 열린 학생 파티에서 책꽂이에 꽂혀 있던 라 몬테 영(La Monte Young, *1935)의 책 『Selected Writings』(엄선된 글)을 발견한 것입니다. 그 책에는 라 몬테 영과 리처드 코스텔라네츠(Richard Kostelanetz, *1940)의 중요한 인터뷰가 담겨 있었죠.[1] 그 글을 파티 중에 읽고 감격했었어요. 그리고 그때, 제가 소리에 관심이 많다는 걸 깨달았죠. 이 시기(1974년)에 처음으로 앨빈 루시어(Alvin Lucier, 1931-2021)의 콘서트에 가게 됐고요. 그때 들었던 곡들 중 한 작품이 나중에 "Music for Snare Drum, Pure Wave Oscillator and One or More Reflective Surfaces"(스네어 드럼, 순수 파동 오실레이터 및 하나 이상의 반사 표면을 위한 음악)이

---

[1] 리차드 코스텔라네츠(Richard Kostelanetz), "라 몬테 영과의 대화"(Conversation with La Monte Young, 1966), 수록: 라 몬테 영(La Monte Young) & 마리안 자제라(Marian Zazeela), 『선별된 글들』(Selected Writings), 뮌헨(München): 하이너 프리드리히(Heiner Friedrich), 1969, 17-63쪽.

란 곡으로 발전했죠. 거대한 오케스트라 무대의 중앙 스탠드 위에 (스네어 현이 느슨하게 달린) 드럼 한 대가 서 있었어요. 루시어는 무대 오른쪽 테이블에 앉아 대형 회전 손잡이가 달린 아날로그 증폭 사인파(sine wave) 발생기를 수동으로 조작했죠. 오디오 신호는 천장에 매달린 스피커를 통해 드럼에서 무대 벽 방향으로 전달되고요. 그렇게 주파수와 진폭을 천천히 바꾸자 드럼소리가 들리기 시작했죠. 처음에는 절제되고 차분한 소리가 들려오다, 극적인 소리로 바뀌었죠. 퍼져나가는 정재파(standing wave)가 관객을 통과할 때마다 그들의 몸을 진동시켰습니다. 연주자가 드럼 스킨을 직접 접촉하지 않은 상태에서 시작된 덜거덕거리는 소리는, 마치 사람의 귀와 신경계에서 고막이 소리를 인지하는 것처럼, 소리의 전파 과정을 공간 내 공기 분자의 움직임으로 단순화한 것처럼 보였죠. 그 경험은 매우 강렬했고 제게 깊은 인상을 남겼습니다. 제 뱃속과 공간에서 그 소리를 느꼈거든요. 그래서 저는 그 두 사람을 만났습니다. 라 몬테 영, 그에게 뉴욕에서 개인적으로 배웠고 어시스턴트로도 일했죠. 그의 설치 작업과 콘서트 및 설치물의 녹음 아카이빙을 맡았었고요. 그리고 앨빈 루시어입니다. 1980년부터 1982년까지 웨슬리안 대학교(Wesleyan University, Connecticut)에서 그에게 작곡을 배웠었죠.

슈 - 미술도 전공하신 건가요?

미국에서는 '스튜디오 아트'(studio art)라고 부르는 조형 예술을 말하는 거죠? 전혀요. 미술은 전공하지 않았습니다.

슈 - 그렇다면 작가님에겐 실험적인 음악이 아티스트가
되는 데 있어 매우 중요한 계기가 되었군요?

맞습니다. 하지만 저는 음악을 공부하기 위해 버팔로(Buffalo,
NY)에 간 것은 아니었습니다. 비디오 아트를 공부하고 싶어
버팔로에 갔고, 실제로 그렇게 했죠. 하지만 그곳에 많은 일
들이 일어났고, 그래서 음악에 빠지게 되었습니다. 저는 악
기를 연주하지 않았다는 점도 말해야겠네요. 그건 나중에 하
게 됐죠. 당시에는 음악적 배경이 전혀 없었거든요. 이 쪽 부
분에서 저는 정말 아기와 같았죠. 음파(sonic wave)와 사인파
(sine wave)로 시작했고 지금도 여전히 이를 사용하고 있죠.
처음부터 물리학의 언어, 즉 음악이나 소리 발생에 관한 언어
적 음향 설명 또한 저에겐 중요했고요. 훨씬 후에야 가끔씩
곡을 쓰기도 했습니다. 요즘은 컴퓨터가 있으니 훨씬 쉬워졌
네요. 저는 정석적인 음악 교육을 받은 적은 없습니다. 평범
한 음악 학도는 아니었죠.

오 - 악기를 연주하시는 걸로 알고 있는데요.

하나 있습니다. 사실 제가 연주할 수 있는 유일한 악기는
1970년대 말 뉴욕에서 우연히 발견한 기법이라 할 수 있는데
요. 당시 버팔로(Buffalo, NY) 다운타운의 한 다락방에서 아티
스트 로버트 롱고(Robert Longo)와 함께 살았습니다. 제가 이

미 음악을 시작한 것을 알고 있었던 그가 하루는 "어떤 사람이 나에게 더블 베이스를 선물로 줬는데, 혹시 필요해?"라고 물었어요. 저는 어쿠스틱 악기로 무언가를 해보고 싶었기에 바로 좋다고 대답했죠. 그 후로 베이스는 제게 매우 중요한 악기가 되었습니다. 그때까지만 해도 전자음향 주파수 외에 음향적 언어는 제게 없었죠. 하지만 현악기에서는 기하학적 비율에 따라 주파수가 어떻게 변하는지, 고조파(高調波, harmonics)가 어디에 위치하는지 등을 정확히 알 수 있습니다. 저는 이런 부분을 면밀히 관찰했고, 이를 통해 음악적 언어로 발전시켰죠. 그런 다음 그 더블 베이스를 개조해서 현(絃) 대신 피아노 와이어를 감아올려 어떤 소리가 나는지를 보았죠. 소리를 듣자마자 전 확신을 가졌습니다. 굉장히 많은 배음(倍音, overtone)을 갖고 있더라고요. 제 모든 음악은 사실 그 순간부터 발전되었죠. 1979년, 저는 첫 번째 앙상블인 'The Orchestra of Excited Strings'(신나는 현의 오케스트라)를 창단했습니다. 현악기로만 구성된 앙상블로, 저만의 조율 시스템과 몇 가지 새로운 악기들 그리고 다양한 연주 기법을 개발했죠. 제게 작곡은 다른 예술적 관심사와 함께 지금까지 남아있는 하나의 활동입니다. 또한 자연적 배음 계열의 잠재력과 그에 따른 튜닝 가능성, 즉 미분음계(微分音階, microtonal scale)에 지금까지도 사로잡혀 있죠.

슈 - 그 더블 베이스는 아직 있나요?

아니요. 더 이상 가지고 있진 않지만 다른 더블 베이스가 몇 개 있습니다. 지금은 하나만 사용하고 있고요. 어느 순간, 제 소리 언어에 더블 베이스의 큰 음향적 바디가 실제로는 그렇게까지 필요하지 않다는 것을 깨달았죠. 피아노 와이어가 달린 이 베이스는 어쨌건 비올라나 바이올린의 음역에서도 들리거든요. 지금은 솔리드 바디 베이스를 사용하고요.

오 - 다른 주제로 넘어가겠습니다. 아카이브 형식에는 어떻게 관심을 갖게 되었나요?

음악은 저에게 하나의 긴 여정과도 같았습니다. 1980년대 초 유럽으로 이주한 후에야 다시 예술의 길로 돌아갈 수 있었죠. 저는 서베를린에 살았었고, 부다페스트에서 많은 시간을 보냈습니다. 음악 씬을 포함해 흥미로운 예술 씬이 여기 저기에 있었죠. 어쨌든 베를린이라는 도시는 독일 구 연방공화국에서 예외적인 상황이었습니다. 역사를 포착하기 위해 오랫동안 찾을 필요가 없었죠. 저는 동서독의 상황에 관해서도 굉장히 관심이 많았습니다. 베를린 장벽이 무너지기 전인 1980년대에도 저는 동베를린과 헝가리에 많은 친구들이 있었죠. 1985년 튀르키예를 여행하던 중 이스탄불의 한 고서점에서 약 1만 명의 전기(傳記)가 수록된 사전인 『Who's Who in Central and East Europe 1933』(1933년 중앙 및 동유럽 인명록)을 발견했습니다. 1934년 판이었고, 그 이후에는 더 이상 출판되지 않았죠. 저는 그 사전에 매료되어 곧장 구입했습니다. 그리곤 '어떻게 하면 이 책 속으로 뛰어들어, 이 책에 자발적으로 전기를 남긴 모든 인물들 사이를 연결하며 여행할 수 있을까?'라는 생각을 했죠. 당시에는 인터넷도 없었고 월드 와이드 웹도 없었습니다. 그랬기에 정보를 직접 선별하고, 이를 수작업으로 색인 카드에 옮기기 시작했죠. 그건 정말 더디고 지치는 시간이었습니다. 시간이 지나, 가정용 컴퓨터로 작업할 수 있었고요. 그러던 중 1990년, 하노버 출신의 독일 학자 하이코 이덴젠(Heiko Idensen, *1956)을 알게 되었는데요, 그는 이미 '하이퍼텍스트' 아키텍처(hypertext architecture)에 익숙하고 문학 프로젝트에 적합한 소프트웨어를 개발한 경험이 있었죠. 우리는 그렇게 함께 일하게 되었습니다. 저는 다양한 기준에 따라 "1933년 중앙 및 동유럽 인명록"에서 800명의 전기를 선별하여 데이터 베이스의 자료로 삼았고, 이 자료에서 일부 단편을 발췌하여 반복적으로 재결합하거나, 소프트웨어가 데이터 베이스의 자료에 무작위로 액세스 하도록 설정했죠. 그 결과, 여러 프로젝트가 탄생되었습니다.[2]

슈 - 그 인명록을 이스탄불 고서점에서 우연히 발견하셨다고요?

그건 정말 우연이었죠. 그 우연한 발견이 저의 남은 인생을 결정지었다고 해도 과언이 아닙니다.

[2]　　아놀드 드레이블랫(Arnold Dreyblatt), 『Who's Who in Central and East Europe 1933. Eine Reise in den Text. Text – Bild Performance』(중앙 및 동유럽의 인명록 1933. 텍스트 속의 여행. 텍스트 – 이미지 퍼포먼스) - 얀 팍토르(Jan Faktor), 하이코 이덴젠(Heiko Idensen), 제프리 월렌(Jeffrey Wallen)의 에세이 수록, 베를린(Berlin): 게하르트 볼프 야누스 프레스(Gerhard Wolf Janus press), 1995.

슈 – 이전에도 이와 비슷한 일을 해본 적이 있었나요?

아니요. 관심은 있었지만 그전에 이런 일을 한 적은 없었습니다.

오 – 음악 외에 어떤 시각 예술을 이전에 했었나요?

버팔로(Buffalo, NY)에서 영화 몇 작품과 스트로보스코프(stroboscope) 효과로 영상을 만들었습니다. 나중에야 토니 콘래드(Tony Conrad, 1940-2016)와 페터 쿠벨카(Peter Kubelka, *1934)가 비슷한 작업을 먼저 했다는 사실을 알게 되었죠. 또한 흑백 또는 컬러 이미지가 매우 빠르게 교차되어 나타나는 비디오 플리커 기법을 집중적으로 사용했었고요. 음악을 만들기 시작할 때는 비디오 제작을 중단했었습니다. 1977년 뉴욕 앤솔로지 필름 아카이브(Anthology Film Archives)에서 열린 스크리닝이 제 마지막 비디오 상영이었네요. 이후로는 전적으로 음악에만 집중했었습니다. 그러다 유럽에 머물면서 시각적 작업을 다시 시작하게 되었죠. 음악만으로는 더 이상 충분하지 않다고 느꼈기 때문입니다. 음악은 아름다운 것이기도 하지만 너무 추상적이거든요. 물론 음악과 텍스트를 결합하는 시도는 할 수 있죠. 저도 그렇게 했었고요. 예를 들자면, 1991년의 첫 프로젝트이자 오페라의 일종인 "Who's Who in Central and East Europe 1933"(1933년 중앙 및 동유럽 인명록)입니다. 한 명의 가수, 세 대의 스피커, 음악 앙상블, 컴퓨터를 통해 동기화된 슬라이드 프로젝션, 필름 프로젝션, 8채널 오

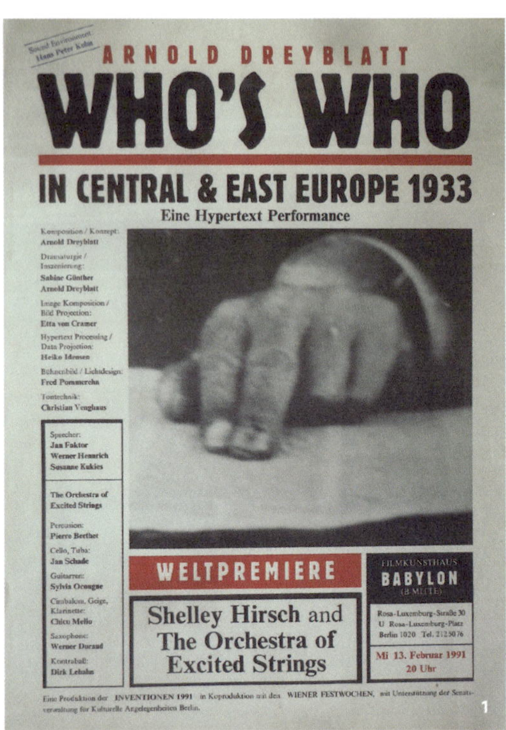

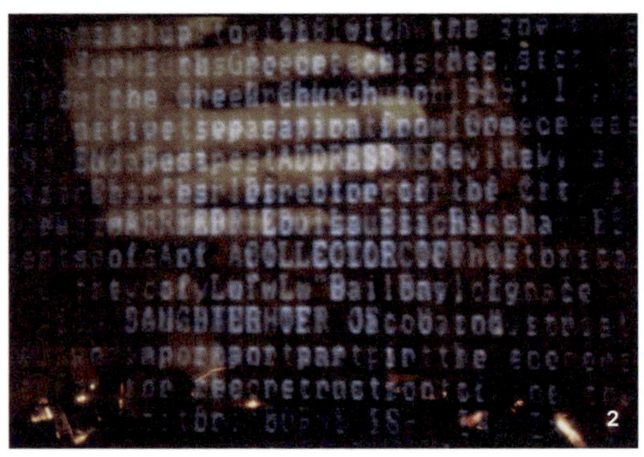

1

아놀드 드레이블랫(Arnold Dreyblatt),
"Who's Who in Central and East Europe
1933", 베를린 바빌론(Babylon) 세계 초연
포스터, 1991

사진: 아놀드 드레이블랫(Arnold Dreyblatt)

2

아놀드 드레이블랫(Arnold Dreyblatt),
"Who's Who in Central and East Europe
1933", 공연 전경, 세계 초연 베를린 바빌
론(Babylon), 1991

사진: 디어크 블라이커(Dirk Bleicker)

디오 환경을 갖춘 이 프로젝트를 저는 '하이퍼텍스트 멀티미디어 오페라'라고 불렀습니다.

오 - 독자들을 위해 미디어, 특히 음성으로 작업하는 방식에 대해 좀 더 자세히 설명해 주시겠어요?

첫 번째 '인명록' 오페라 경우, 실제로 이미 미디어 측면에서 많은 시도를 해왔고, 그 이후로도 텍스트와 역사적으로 의미 있는 수많은 사진 및 영화 등이 포함된 아카이브 자료로 계속 작업을 해왔었죠. 저는 헝가리 예술가 가보르 보디(Gábor Bódy, 1946-1985), 페어 포르가츠(Péter Forgacs, *1950)와 샨도르 카르도스(Sándor Kardos, *1944)의 작품에서 영감을 받았었는데요, 그들은 1970년대와 1980년대 발견된 이미지 자료를 익명의 사진 스냅샷과 홈 무비을 통해 집중적으로 작업한 예술가들이죠. 하지만 그저 자리에 앉아 무언가를 보고 듣기만 하는 관객의 프로시니엄(proscenium) 상황은 제게 다소 답답하게 느껴졌습니다. 그랬기에 앞으로의 시간을 내다보았을 때는 이를 좀 더 설치적인 방법으로 작업해야 하지 않을까 라고 생각했고, 오랫동안 새로운 컨셉을 연구하게 되었던 거죠. 1995년에는 '인명록' 자료를 활용해 "Memory Arena"(메모리 아레나)를 실현했습니다. 초청된 700명의 참가자들은 함부르크, 뮌헨, 코펜하겐 등 여러 도시에서 3일 동안 매일 16시간씩 동시에 그 '인명록'을 읽었습니다. 관객이 설치 공간으로 들어설 때, 가장 먼저 아카이브와 관련된 다양한 대기 및 관리 구

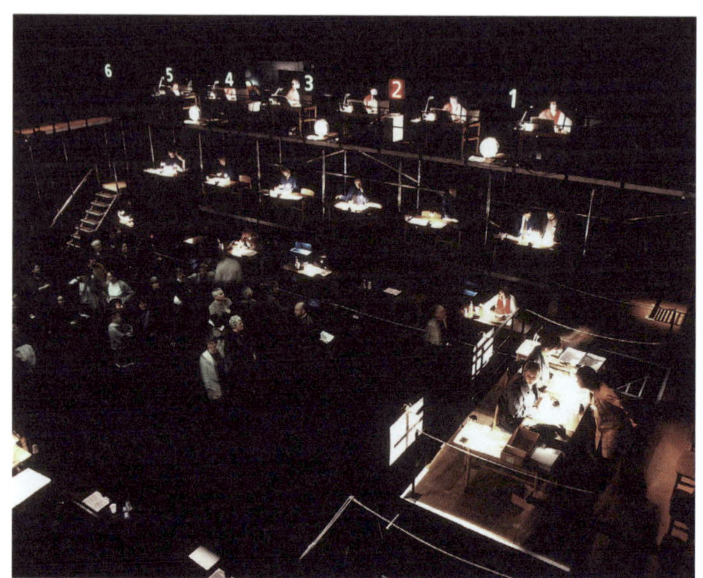

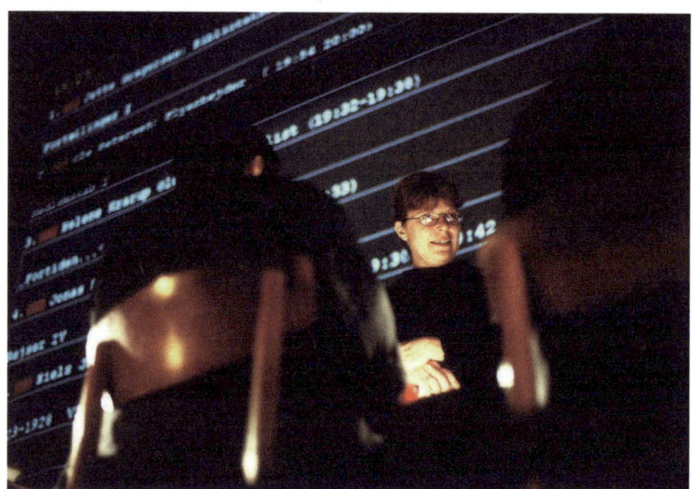

아놀드 드레이블랫(Arnold Dreyblatt), "Memory Arena", 설치 및 공연 전경, 1995

사진: 디어크 블라이커(Dirk Bleicker)

역을 거치게 되죠. 중앙에는 아카이브 시스템의 역할을 하는 거대한 선반이 세워져 있고, 이곳에서 파일 폴더를 꺼내 퍼포먼스 영역인 '아레나'로 가져가게 됩니다. 그곳은 12개의 열람대로 둘러싸여 있죠. 마치 극장 같기도 했고, 실제로 연극 분야의 사람들이 열광했었습니다. 갑자기 의도치 않게 연극계의 라이징 스타가 되었고요. 그렇게 투어처럼 여러 도시에서 이러한 공연을 가졌죠. 하지만 시간이 지나면서 연극계의 위계질서, 극장장 등이 있는 특유 상황들이 불편하게 느껴졌습니다. 이 씬에서는 모든 것이 매우 빠르게 진행하지만, 단 며칠 동안만 진행되었다 바로 사라지죠. 제 스스로는 그런 점들이 조금 불만족스러웠습니다.

슈 - 그러다 극장이 아닌 다른 곳에서의 프로젝트가 생겼죠?

그렇습니다. 자료도 바뀌었죠. 협업 프로젝트가 많아졌습니다. 이미 존재하는 기존 자료를 가지고 작업하도록 초대받거나, 특정 주제를 의뢰하여 제가 직접 조사하고 자료를 구하는 경우가 많았습니다. 물론 제가 직접 기획한 주제도 있고요. 여기서, 발성에 관해 말을 덧붙이고 싶은데요. 아카이브를 소리 내어 읽는다는 것은 그것에 생명력을 불어넣는 것과 상응한다고 생각했습니다. 의식(儀式, ritual)적인 측면 또한 굉장히 중요하게 보기도 하고요. 한 가지 예를 들자면, 2013년 베를린 현대미술관(Museum für Gegenwart - Hamburger Bahn-

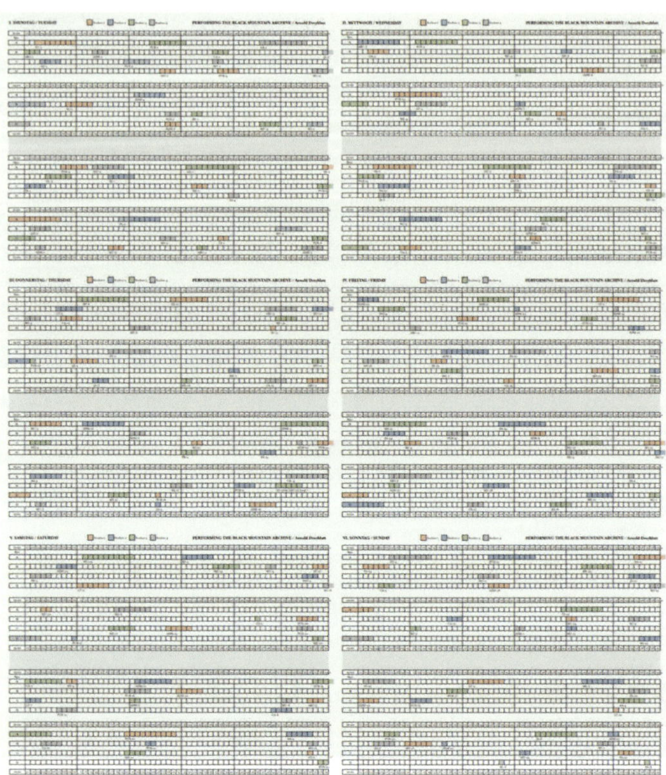

hof)의 두 큐레이터인 가브리엘레 크납슈타인(Gabriele Knap-stein, *1963)과 오이겐 블루메(Eugen Blume, *1951)가 기획 전시 〈Black Mountain: An Interdisciplinary Experiment 1933-1957〉(블랙 마운틴 : 학제 간 실험 1933-1957)을 위한 퍼포먼스를 의뢰했었죠. 그들의 제안을 흔쾌히 승낙한 후, 직접 리서치를 하기 시작했습니다. 거의 1년 동안 미국을 여행하며 자료를

아놀드 드레이블랫(Arnold Dreyblatt), "Performing the Black Mountain Archive", 악보, 2015

사진: 하즈날 네메트(Hajnal Nemeth)

찾고 수집했죠. 그런 다음, 발견된 그 자료들을 이용해 일종의 악보, 즉 그래픽 표를 제작하였습니다. 그 표는 시계와 함께 참여자들이 언제 어디서 무엇을 읽어야 하는지를 규정하는 악보입니다. 그 미술관에는 4개의 다른 공간이 있었습니다. 참여자들은 아카이브 문서를 읽거나 다른 퍼포먼스를 했죠. 악보에는 누가 언제 어디서 무엇을 활동하는지 그리고 비활동 중인지 표시되어 있고요.

슈 - 물론 애팔래치아 산맥(Appalachian Mountains)의 노스캐롤라이나 주 애슈빌(Asheville, North Carolina) 시에 자리했던 블랙 마운틴 칼리지(Black Mountain College)에 대해서는 이미 많이 알고 계셨을 테고요. 아방가르드 예술의 중요한 인물들이 그곳에서 가르쳤죠? 자료를 선정하는 데 어떤 기준을 사용하셨나요?

물론 미국인이라면 블랙 마운틴 칼리지(Black Mountain College)에 대해 어느 정도는 알죠. 하지만 좀 더 잘 알려진 활동은 대부분 전후(戰後) 시기에 속하죠. 이 대학은 1933년에 설립되었고, 적합한 강사진이 바로 당장 필요했었습니다. 같은 시기였던 1933년에는 많은 사람들이 독일을 집권한 나치당-국가사회주의자들을 피해 미국으로 건너왔고요. 그중 일부 사람들이 블랙 마운틴 칼리지에서 일자리를 찾아, 1945년 이전 시기의 그곳은 유럽인, 주로 독일인과 독일계 유대인 강사진으로 이루어지게 되었습니다. 제2차 세계대전 후의 상황은

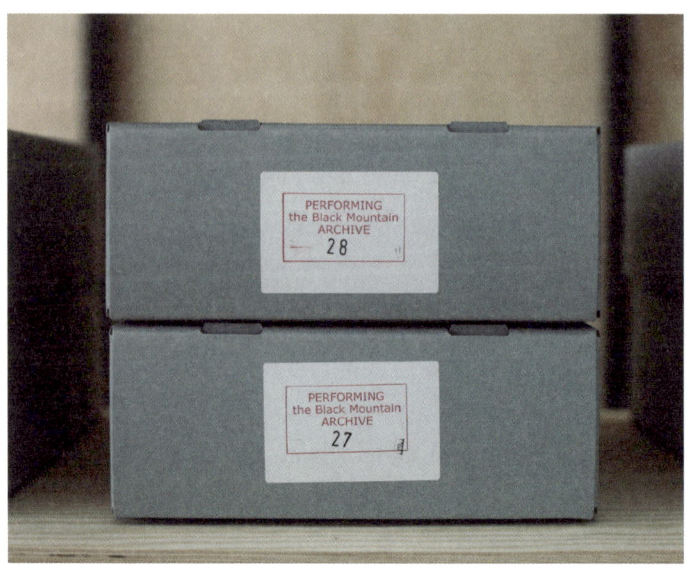

조금 달라졌습니다. 훗날 유명해진 사람들도 많이 있었죠. 하지만 저는 이러한 유명인 외에도 그 상황들에 더 관심이 갔어요. 많은 사람들이 학위를 받기 위해서가 아닌, 그저 배우고 싶어서 그곳에 있었고 졸업장을 따진 않았더라고요. 대학 강사진의 내부 논의도 정말 흥미로웠습니다. 보수적인 수업을 할 것인지, 자유로운 예술 아카데미의 형식으로 진행해야 하는지에 관한 토론이었죠. 이 작은 대학은 사실 운영 자본이 전혀 없었습니다. 심지어 인가도 받지 않았죠. 그러나 다양한 학파들 간의 토론은 정말 인상적이었는데요, 개인적으로 이 부분은 교육자이기도 했던 저에게 있어서도 매우 중요한 이슈라고 생각했습니다. 1957년 블랙 마운틴 칼리지는 문을 닫

아놀드 드레이블랫(Arnold Dreyblatt), "Performing the Black Mountain Archive", 아카이브 전시 설치 일부, 베를린 함버거 반호프 – 현대미술관(Hamburger Bahnhof – Museum für Gegenwart), 2015

사진: 아놀드 드레이블랫 (Arnold Dreyblatt)

게 되었고, 그때 많은 사람들은 샌프란시스코로 가기도 했지만 대부분은 뉴욕으로 향했습니다. 이는 1960년대 미국, 특히 뉴욕 아방가르드에 큰 영향을 끼쳤죠. 당시 다른 예술 운동이 없었다는 말은 아닙니다. 하지만 제 뿌리는 1960년대의 뉴욕에 있지 않습니까. 저의 동료와 멘토 중 일부는 블랙 마운틴의 경험들에 영향을 받은 사람들이 많았습니다. 또한 독일과 유럽 강사진들의 비중이 컸던 초기 블랙 마운틴의 역사가 미국에서 독일로 건너간 저에게는 매우 중요한 지점이었고요. "Performing the Black Mountain Archive"(블랙 마운틴 아카이브 공연) 프로젝트를 진행하면서 실제로 많은 것을 배웠습니다. 그곳 칼리지의 여러 강의 및 교육 행사들을 살펴보면 굉장히 중요한 예술가적 인물과 그 성향을 마주했었다는 점을 찾을 수 있었죠. 비록 그 시간이 5분밖에 되지 않는다 하더라도 - 그것이 어쩌면 너무 짧은 시간일 수도 있지만, 자신의 발전을 이끌기엔 충분한 시간일 수도 있죠. 음악은 블랙 마운틴 칼리지에서 중요한 역할을 했습니다. 그중 한 가지 예로, 전쟁 전 그곳에서 가르쳤던 일부 강사들은 아놀드 쇤베르크(Arnold Schönberg, 1874-1951)의 제자들이기도 했습니다. 그들은 당시 쇤베르크 컨퍼런스를 개최하였고, 여러 연주회들도 열었죠. 그리고 여기엔 매번 한 곡, 그리고 단 5분 동안만 연주되었고요. 콘서트홀을 떠날 때, 예를 들어 다섯 개의 다양한 곡이 아닌 오직 그 한 곡만 머릿속에 남아 있어야 한다는 것이 그들의 논리였습니다. 그렇지 않으면 처음 두 곡은 이미 잊혀 버릴 수도 있기 때문이죠. 저는 이 점 또한 매우 본보기 적이라고 생각했고요.

> **슈** - 작가님의 아카이브 작업의 결과는 종종 청각적 결과물로 나타납니다. 글들이 음성화되면 묵음의 목소리가 들려오면서, 다음성(多音聲)으로 만들어집니다. 그렇기에 서로 다른 음조, 음색, 멜로디 등으로 인해 마치 음성 조직물과 같은 폴리포니(polyphonie, 다성음악)가 자동적으로 형성되고요. 이미 우리는 이를 텍스트-작곡이라고 부를 수도 있겠으나, 제가 방금 생각해 낸 개념이지만 '살아있는 사운드 텍스트 조각'(Living Sound-TextSculpture)으로 볼 수도 있을 것 같습니다. 작가님은 아카이브에서 발견한 자료를 시각적으로 구현도 하기 때문인데요.

네, 시각적 설정도 저에겐 굉장히 중요하죠. 2021년 베를린에 위치한 기관인 독일예술원(Akademie der Künste)에서 〈TRANSFORMING ARCHIVES - Working on Memory〉(아카이브 변환 - 기억의 작업)의 전시가 열렸습니다. 저는 이 일환으로 〈Archive Carousel〉(아카이브 캐러셀) 프로젝트를 실현했고요. 이는 1990년대 초 존 케이지(John Cage)가 미술관 작품용으로 제작한 곡 "Rolywholyover: A Circus"(롤리월요버: 서커스)의 컨셉에서 영감을 받아, 아카이브로 실현한 것입니다. 이는 케이지의 아이디어를 모방한 것이 아닌, 조형적 예

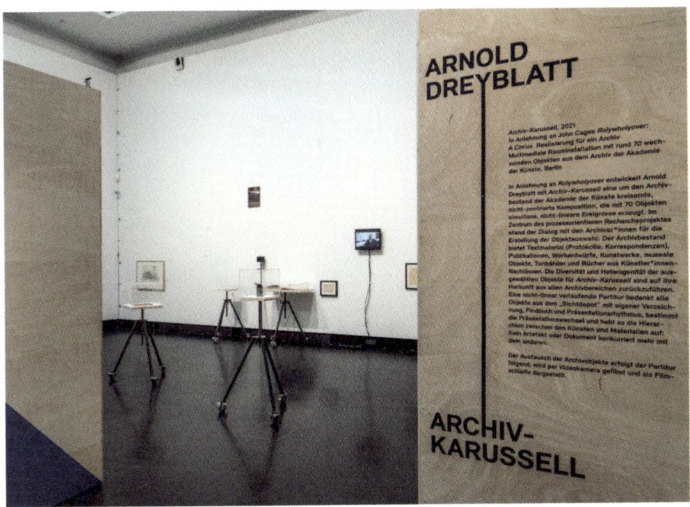

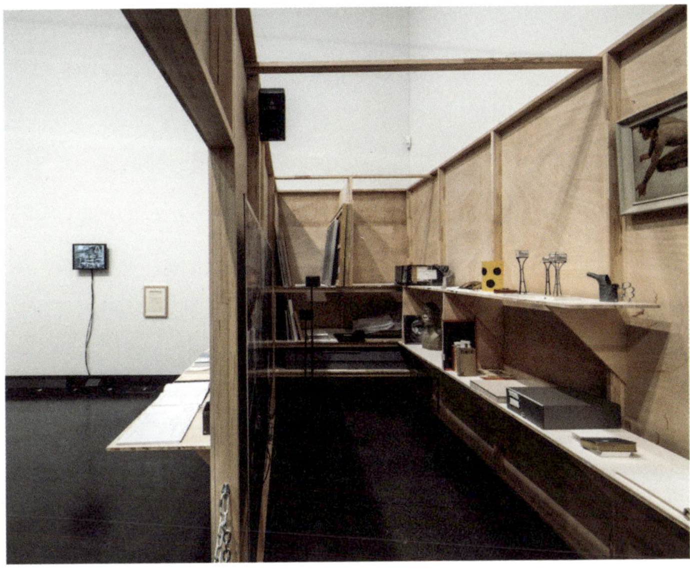

아놀드 드레이블랫(Arnold Dreyblatt), "Archive Carousel", 전시 전경,
베를린 독일예술원(Akademie der Künste), 2021

사진: 안드레아스 프란츠 자버 쥐쓰 (Andreas Franz Xaver Süß)

술 관점에서 접근하고 다양한 전시 방식을 다루죠. "Archive Carousel"(아카이브 캐러셀) 프로젝트는 독일예술원의 아카이브 자료에서 선별한 77개의 변화하는 오브제로 구성된 멀티미디어 설치 작품입니다. 아무래도 제가 독일예술원의 위원이었기 때문에 이 프로젝트를 할 수 있었던 것 같습니다. 상당히 까다로운 프로세스가 요구되는 작업이기 때문이죠. 독일예술원 기관은 유럽에서 가장 큰 독일어권 예술 아카이브를 보유하고 있는데요, 이를 모르는 사람이 정말 많습니다. 1696년부터 존재해 온 이곳은 정말 방대한 규모를 자랑하죠. 저는 서로 독립적으로 운영되는 기관의 6개 섹션(조형 예술, 건축, 음악, 문학, 공연 예술, 영화 및 미디어 아트)에 모두 방문했었습니다. 그리곤 각 지부 디렉터들에게 물어봤죠. 한 전시를 기획 중인데, 특별히 중요한 맥락이나 연결성이 없기에 일반적으로 전혀 전시할 수 없는 오브제가 있다면, 그것을 이 프로젝트를 위해 보여줘도 되는지에 대해서요. 어떠한 이유에서라든지, 때로는 그저 우연히 아카이브에 들어오게된 정말 이상한 것들, 그 특별한 것들을 선별했습니다. 백남준의 영상과 음성 녹음도 있었는데요, 전시의 프레젠테이션은 그 오브제들을 보여주며 몇 번이고 재배치하며 진행했습니다. 때로는 여러 오브제들을 꺼냄으로써 각각의 새로운 연결성이 나타나 새로운 맥락을 보여주기도 했습니다. 17세기의 훼손된 한 회화 작품을 보여줄 땐, 캔버스 중앙에 구멍이 있는 그림과 또는 단순히 돌 하나와 같은 오브제와 함께 진행하였고요. 그런 다음 아카이브 검색집에 기재된 각각의 오브제 설명과 관계를 영어와 독일어로 소리 내어 읽었습니다. 저는 이러한 언어를 좋아하지만 이를 함께 낭독했던 친구 동료들은 형식적이고 엄격하며 비은유적인 이 언어에 거의 미쳐버릴 듯했죠. 조합과 배치 그리고 움직임을 통해 관련성이 없지만 같은 아카이브에 속했던 서로 다른 사물들이 시간적 경계를 넘어 하나의 직접적인 대화로 들인다는 것. 저는 이 부분이 정말 좋았습니다. 그러면, 우리는 '무엇이 일어나느냐' 라고 질문할 수 있겠죠. 무언가의 일은 어찌 됐든 일어나게 되는 겁니다.

슈 - 프랑크푸르트(Frankfurt am Main)와 포츠담 바벨스베르크(Potsdam-Babelsberg)에 위치한 독일 방송 아카이브(Deutsches Rundfunkarchiv)나 베를린의 음성 아카이브(Phonogramm Archiv)와 같이 주로 음향 자료를 소장하고 있는 기관들도 있습니다. 이러한 사운드 아카이브의 자료로 작업을 한 적이 있나요?

아니요. 아직 해보지는 않았지만 굉장히 흥미롭네요!

오 - 작업할 때 작가님의 미술과 음악이 서로 영향을 끼치나요?

'당신은 작곡가입니까? 아니면 시각 예술가입니까?' 세상은 여전히 이렇게 구분합니다. 많은 사람들은 그 두 가지 모두 가능하다는 것을 이해하지 못하죠. 저를 뮤지션으로 아는 사람들은 제가 아티스트라는 사실을 전혀 모르는 경우가 많습니다. 이 사실을 아는 일부는 제 예술적 활동이 시간 낭비라며 음악에만 집중해야 한다 생각하기도 하죠. 미술계 사람들은 제 음악을 '귀엽다'고 평가하는 경우가 많고요. 이전에는 이 두 가지 포지션으로 조금 장난도 치곤 했습니다. 누군가 저에게 전화를 걸어 "내년 암스테르담으로 초대하고 싶습니다."라고 말하더군요. 저는 "음악/사운드의 공연을 말하는 것인지, 예술 쪽 공연을 말하는 것인지"를 물어봤죠. "음악입니다."라는 대답을 받으면, 저는 "잠시만 기다려주세요!" 라고 말한 다음 전화를 끊는 듯한 소리를 냈어요. 그런 다음 다시 전화를 들고 "안녕하세요! 음악 프로젝트에 대해서 이야기하고 싶다고 하셨죠?"라고 말하죠. 제가 이렇게 하면 다들 마치 쌍둥이를 대하는 것처럼 완전히 혼란스러워해요. 사실 음악을 만드는 일과 미술 작업을 하는 일이 서로 너무 분리되어 있다는 것이 너무 안타까운 부분이긴 합니다. 이제는 다르게 생각하는 젊은 세대가 등장하면서 상황이 서서히 바뀌고 있지만 대부분의 기관들은 여전히 이런 식으로 대합니다. 최근에는 오케스트라의 워밍업 세션(warm up session), 즉 조율 과정을 집중적으로 연구한 "Warm-Up"(워밍업, 2021)이라는 작품을 만들었습니다. 미니멀리스트인 저는 이 부분에 관심이 많죠. 아쉽게도 이러한 조율은 사실 훨씬 더 길게 잡고 해야 하는 과정임에도 불구하고, 매번 1분도 채 걸리지 않았습니다. 저는 이러한 조율 과정을 시각 예술의 맥락에서 보여줄 수 있는 하나의 설치물로 만들었죠. 지금은 한 오케스트라와 이를 연주하는 프로젝트를 논의 중에 있고요. 이는 미술에서 시작한 프로젝트가 음악으로 발전한 프로젝트 중 하나입니다. 음악적 맥락, 그리고 미술적 맥락을 위해서는 서로 다른 변형이 존재한다고 말할 수 있죠.

슈 - 어떤 설정이 "Warm-Up"(워밍업, 2021)에서 보여졌나요?

2021년 베를린에 위치한 프로젝트 공간인 '옐로우 솔로'(Yellow Solo)에 초대되었습니다. 이곳은 시각 예술과 음악 사이의 접점을 다루며 운영되는 곳이죠. 그 팀원들에게 제 경험을 말하면서 갑자기 오케스트라 워밍업에 대한 아이디어가 떠올랐던 겁니다. 저는 그 아이디어를 바로 실행에 옮겼죠. 다양한 오케스트라의 100개가 넘는 녹음을 들었습니다. 그 후, 끝이 보이지 않는 워밍업인 21분 길이의 사운드 작품을 만들었죠. 이 주제에 대한 또 다른 별도의 영상으로, 제 친구인 폴 브로디(Paul Brody, *1961)가 눈동자를 추적할 수 있는 특수 안경을 쓴 채로 지휘하는 장면이 담겨 있습니다. 그는 21분 분량의 그 오디오를 편곡한 후, 악보로 옮겼죠. 이 영상은 그가 악보에서 누구를 바라보는지, 상상 속의 연주자들을 만들어 냅니다. 이를 위해 일반 오케스트라처럼 4열 안에 스탠딩 종이 피규어가 세워져 있는 무대를 설치했고요. 덴마크 회사인

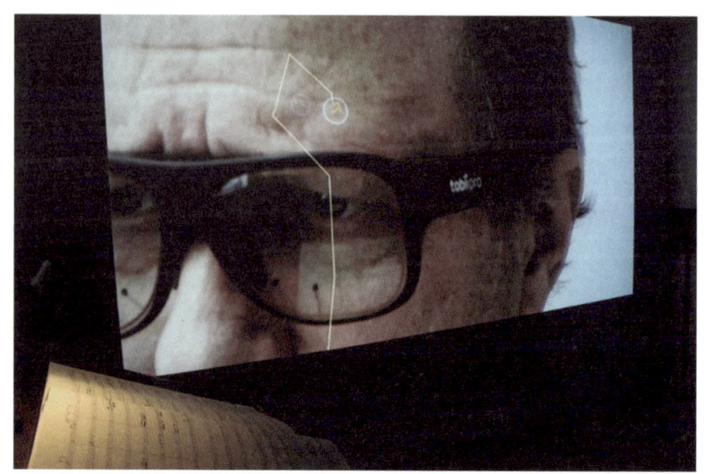

아이모션스(iMotions)는 소프트웨어를 포함한 그 안경을 개발
하였는데요, 이 안경으로 지휘자가 악보에서 무엇을 보고 있
는지 읽어주었죠.

오 - 2012년에는 존 케이지(John Cage)를 인용한 "Writ-
ing Cage"(케이지의 기록)라는 작품을 만드셨는데요.

2011년, 저에게도 그 프로젝트에 참여할 의향을 물어봤고, 흔
쾌히 응했었습니다. 저는 케이지의 음악보다는 그의 아이디
어와 텍스트, 텍스트-퍼포먼스에 매번 큰 영감을 받았습니다.
프로젝트 "Writing Cage"(케이지의 기록)에는 1967년 출간된
『A Year from Monday, New Lectures and Writings』(월요
일부터 1년, 새로운 강의와 글)를 인용하였습니다. 제가 대학 다
니기 전, 뉴욕에서 구매한 저의 첫 번째 케이지의 책이었죠.

아놀드 드레이블랫(Arnold Dreyblatt), "Warm-up", 전시 전경, 2021

사진: 하즈날 네메트(Hajnal Nemeth)

그 책에서 'Text', 'Writing' 또는 'Reading'의 영어 단어가 포함된 모든 문장들을 골라내었어요. 그런 다음 이 중에서 몇 개의 텍스트 조각을 무작위로 선별했죠. 그 이후, 고고학 데이터 베이스에서 찾은 그리스, 로마, 북중미, 중동 및 중국의 고대 도자기 파편의 형상과 케이지의 텍스트 파편을 결합하기로 하면서 하나의 프레젠테이션 방식을 찾아냈죠. 다음 단계는 최대 5개의 텍스트 레이어를 읽을 수 있는 다양한 모양과 크기의 렌티큘러(lenticular) 오브제 7개를 만드는 것이었습니다. 서로 다른 조각들만 읽을 수 있는 형태죠. '쓰여진' 오브제를 바라보는 위치에 따라 다른 텍스트가 나타나고 사라집니다. 제 작품은 "Writing Cage"(케이지의 기록) 텍스트에 대한, 텍스트에 관한, 텍스트인 겁니다.

슈 - 존 케이지(John Cage) 본인 스스로 제임스 조이스(James Joyce, 1882-1941)의 유명한 소설인 '피네간의 경야'(Writing Through Finnegan's Wake)와 같이 항상 엄격한 규칙을 적용해 'Writing'을 실현했죠.

그렇죠. 저는 오스트리아 비엔나의 박물관지구 뮤제움 콰르티어(MuseumsQuartier Wien)에 있는 사운드트랙 아케이드(Tonspur-Passage) 공간을 위해 또 다른 존 케이지(John Cage) 관련 작업을 했었습니다. 두 가지의 자료로 구성된 8채널의 사운드 설치 "Cage Cut Up"(케이지 컷 업, 2012)이었죠. 하나는 "Writing Cage"(케이지의 기록, 2011)에서 사용한 것과 같으며,

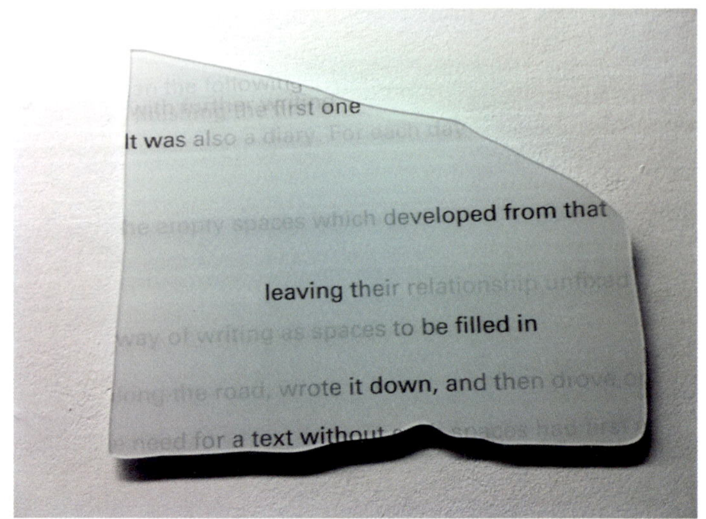

다른 하나는 베를린 유대인 박물관(Jüdisches Museum Berlin) 자료실에 찾은 색인 카드에서 가져온 것이죠. 그 색인 카드에 는 그곳에서 수집한 문서의 상태와 가독성에 대한 설명이 적 혀 있었습니다. 이 두 개의 텍스트 그룹에서 무작위 프로세 스를 사용하여 일부들을 선별하고, 최종 구성에서 이들을 결 합했죠. 그 밖에도 이 설치물을 위해 비엔나에서 진행한 현 장 레코드와도 연결이 되었고요. 사람들이 웃거나 여행 가방 을 끌고 길을 건너는 소리였습니다. 이 소리들은 설치 작품에 서 무작위로 들리며, 음향 기록물의 순서는 컴퓨터 프로그램 으로 결정되었죠. 선별한 텍스트는 두 개의 스피커에서 읽혀 졌습니다. 이 전체는 오리지널의 소리가 아니며, 제 의도에서 그들의 (무작위적) 순서가 결정됨을 말하죠.

아놀드 드레이블랫(Arnold Dreyblatt), "Writing Cage", 2011

사진: 아놀드 드레이블랫(Arnold Dreyblatt)

오 - 장르와 학제를 넘나들며 작업하는 아티스트에게 가장 중요한 것은 무엇이라고 생각하시나요?

너무 광범위하기에 매우 어려운 질문이네요. '무엇을 중요하다고 말하나요?', '무엇이 중요한 것인가요?' 아마도 가장 중요한 것은 아직 익숙하지 않은 재료와 형식의 미디어에 도전할 용기를 갖는 것일 겁니다. 누구나 특정 능력을 가지고 있고, 특정 주제에 정통할 것이며, 특정 분야에 대해 잘 알고 있습니다. 하지만, 아직은 잘 모르는 것이 많아 스스로 많은 실험을 하게 되었을 때만이 확실한 주제를 발견하게 되죠. 지금 생각이 잘 나진 않지만, 누군가 이렇게 말했어요. "예술가는 좋은 아이디어를 얻으면 평생 그것을 실현하기 위해 노력한다." 운이 좋으면, 두 가지 아이디어를 가질 때도 있겠죠. 하지만 모든 예술가가 다르고, 다른 작업을 합니다. 제 음악의 경우는 한 곡을 완성하기까지 많은 시간이 걸리죠. 반면, 예술 작업에서의 저는 동시에 많은 일을 할 수 있고 여기저기 뛰어다니고요. 음악 작업에서는 이 부분이 정말 힘들죠.

슈 - 전반적으로 미국 미니멀 뮤직의 영향을 많이 받은 것 같은데, 다시 음악 이야기로 돌아와 볼까요?

맞습니다. 라 몬테 영(La Monte Young)에게 사사하였고, 토니 콘래드(Tony Conrad)와도 많은 만남을 가졌습니다. 백남준과 구보타 시게코(Shigeko Kubota, 1937-2015)의 어시스턴트로도 잠시 일한 적이 있지만 주로 비디오 프로그래밍에 관한 것이었죠. 음악에서 저에게 중요한 부분은 집중력인 것 같습니다. 이건 사실 존 케이지(John Cage)의 음악적 관점과는 정반대이죠. 예를 들어 구스타프 말러(Gustav Mahler, 1860-1911)의 교향곡을 들을 때, 제가 전통적인 음악에서 느끼는 점은 아름다운 순간이 올 때마다 일어나는 변화들입니다. 여기에는 매번 새로운 일이 발생되는데, 그것은 제 관심사가 전혀 아니죠. 라 몬테 영은 모든 것이 극단적입니다. 그의 컨셉은 화음처럼 들리지만, 이를 오래 듣게 되면, 한 화음이 아닌 엄청나게 많은 것이 그 안에 숨겨져 있다는 것을 깨닫게 되죠. 필 니블록(Phill Niblock, 1933-2024)을 비롯한 많은 뮤지션의 음악이 그렇습니다. 이는 미니멀 음악의 일부이기도 합니다. 물론 테리 라일리(Terry Riley, *1935)나 필립 글래스(Philip Glass, *1937)의 곡들과 같은 미니멀 뮤직도 있고, 느리게 곡의 끝을 맺는 뮤지션들도 있습니다. 한 번은, 한 클래식 음악가의 앙상블과 함께 완전 5도 (시 – 파#')를 최대한 길게 연주해야 하는 라 몬테 영의 "Composition No. 7"을 연습한 적이 있습니다. 2005년 더블린에서 크래쉬 앙상블(Crash Ensemble)과 함께한 공연이 바로 그것이죠. 처음에는 그 뮤지션들이 말도 안 되는 일이라며 우습게 생각했어요. 당시에 저는 다양한 악기를 여러 음역대에 분배해 대역폭을 넓혔죠. 하지만 그들은 모두 웃었어요. 전통적으로 정식 교육을 받은 음악가에게 다른 것에 익숙해지고 무언가를 기대하는 것은 때때로 문제가 되죠. 그래서 그들에게 "Composition No. 7"의 연주에서는 박자나 음의 미세한 변화, 비브라토가 없어야 한다고 말해줬습니다. 오직 음색만 달라질 수 있을 뿐 절대적으로 완전해야 하죠. 저는 사인파(sine wave) 제너레이터와 한 악기로 이를 시연했습니다. 그제야 이 곡은 정말 어렵고 오랜 시간 동안 노력해야 한다는 것을 그들도 깨달은 거죠. 그렇게 그들은 연속 청취라는 이 아이디어로 빠지게 되었고요. 사실 악기만 조율해야 하는 것은 아닙니다. 우리의 귀도 조율해야 하죠. 그리고 이는 우리 인간을 위한 하나의 과정입니다.

4

"모든 음향 및 시각적 사건들은
주제에 포함되어야 합니다."

프란츠 마틴 올브리쉬

프란츠 마틴 올브리쉬 / Franz Martin Olbrisch

1952년 독일 뮐하임 안 데어 루르(Mülheim an der Ruhr) 출생인 그는 측량사 직업교육을 받았으며, 그 이후 1979년부터 1985년까지 서베를린 국립예술대학교(Hochschule der Künste in West-Berlin)의 작곡과 프랑크 미하엘 바이어(Frank Michael Beyer)에게 사사했다. 1986년부터 1992년까지 베를린 브란덴부르크 개신교 교회음악학교(Kirchenmusikschule der evangelischen Landeskirche Berlin-Brandenburg)에서 음악 이론을 가르쳤으며, 1988년부터 2008년까지 베를린 국립예술대학교에서 작곡을 비롯한 스튜디오 테크닉에 대한 강의를 맡았다. 1999년부터 2004년까지 베를린 국립공과대학교(Technische Universität Berlin)에서 오디오 커뮤니케이션 강의를, 다름슈타트(Darmstadt)에서 열리는 국제현대음악제의 신음악을 위한 국제여름강좌(Darmstädter Ferienkurse)에서 여러 차례 강의를 진행했다. 2008년에 드레스덴 국립음악대학(Hochschule für Musik Carl Maria von Weber)의 작곡과 교수로 임명되어 현재까지 강의를 진행하며 제자 육성에 힘쓰고 있다. 동시에 2020년까지 동대학 전자 음악 스튜디오 디렉터를 맡아왔으며, 2011년부터 2021년까지 국제현대음악협회(ISCM) 독일지부 부회장을 역임했다. 2013년부터 독일 작센주 예술원 위원으로 임명되어 활동하고 있다. 프란츠 마틴 올브리쉬는 베를린에 거주하며 아내인 비디오 아티스트인 베아테 올브리쉬(Beate Olbrisch, *1951)와 함께 여러 프로젝트를 진행하고 있다.

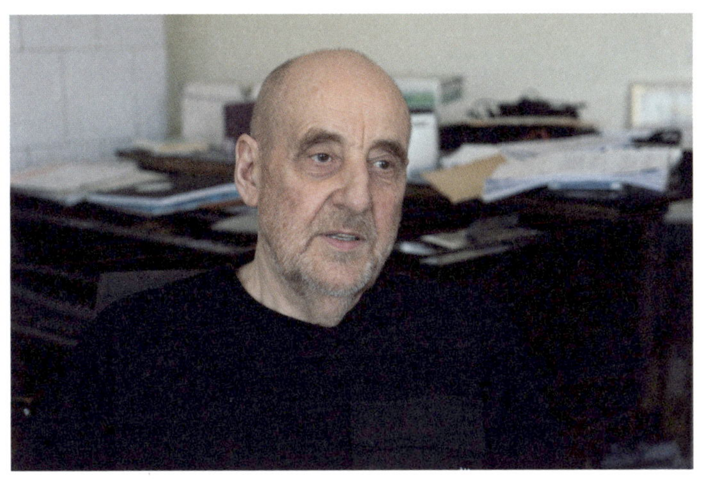

오 - 작곡과 사운드 아트 작업의 차이점은 무엇인가요?

사운드 아트라는 용어는 종종 매우 피상적으로 그리고 매우 다른 맥락에서 사용됩니다. 작곡이라는 용어가 훨씬 명확해 보이지만, 이 역시 점점 더 많은 의문이 제기되어야 하죠. 음향적 사건들이 다른 예술 형식 및 미디어와 결합되어 하나의 예술 작품으로 녹아드는 것을, 인터미디어 예술 형식로서의 사운드 아트라 정의하려는 시도가 종종 있지만, 이는 대부분의 오페라 및 다른 전통 예술 형식에도 적용되는 부분이고요. 최근 몇 년 동안 클랑쿤스트(Klangkunst)/음향 예술/사운드 아트 등의 분야에 뿌리를 내린 이러한 모든 개념성은 명확한 정의가 사실상 불가능하거나 새로운 예술 작품에 의해 즉각적인 의문 제기가 또다시 이뤄지는 것을 명확히 보여 줍니다. 사운드 아트에 관한 정의, 오히려 사운드 아트가 아닌 것

프란츠 마틴 올브리쉬(Franz Martin Olbrisch), "베를린 스튜디오에서", 2024

사진: 오현주

을 정의하는 것이 더 합리적일 것입니다. 질문의 출발점으로 돌아가 보자면, 이는 순수 청각적인 측면에서 소리 개념과 연결 지을 수 있을 것 같네요. 예를 하나 들어볼까요? 1825/26년 작곡된 현악 사중주곡 루드비히 판 베토벤(Ludwig van Beethoven, 1770-1827)의 "Große Fuge op. 133 B-Dur"(대푸가 내림나장조, 작품번호 133)입니다. 우리는 이 작품이 실제로 어디에 위치한다고 할 수 있을까요? 악보일까요, 연주일까요, 아니면 두 가지 혼합된 것일까요? 음악학에서는 작품의 귀속을 작곡가, 즉 악보에 명확히 돌립니다. 그러나 악보는 소리 결과물에 대해 어느 정도로만 설계된 가능성의 공간을 나타낼 뿐이죠. 악보는 여전히 열려 있고, 모호하며, 비구체적입니다. 그리고 해석자가 요구되죠. 그저 읽기만 하는 경우에도 말이죠. 반면에 사운드 아트는 항상 구체적입니다. 1940년대 후반 전자음악의 구체 음악(musique concrète)을 살펴보는 것이 도움이 될 수 있겠네요. 여기 'concrète'(구체)라는 용어는 실제 소리가 들려오는 현실을 의미합니다. 추상적이지 않죠. 구체적인 예로, 바이올린이 가온라음(A)을 내며, 마이크를 통해 들려오는 소리의 경우를 살펴볼까요? 음향적 차원에서 음표 자체는 추상적으로 남아있지요. 구체적인 소리에는 바이올린의 구조 유형과 품질, 현의 특성, 음이 어느 현에서 연주되는지, 얼마나 많은 비브라토로, 어떤 활압으로, 어떤 속도로, 현 어디에 활이 닿는지, 마이크의 특성, 마이크와 바이올린의 거리, 이 녹음이 이뤄지는 공간 등 그 정의에 기여하는 모든 차원이 포함되어 있고요. 여기서 우리는 모든 사운드 아티스트가 답해야 하는 끝없는 질문의 연속을 볼 수 있습니다. 그러나, 여기까지는 음향적 차원에 대해서만 이야기를 한 거고요. 우리가 이러한 정의를 따르게 된다면, 이 요건들을 충족하는 모든 고정 미디어 작업들은 사운드 아트에 포함될 수밖에 없습니다. 쾰른 라디오국(WDR Köln)의 음향 예술 스튜디오(Studio Akustische Kunst) 제작물들이 그 예가 되겠고요. 물론 이것은 사운드 아트의 한 측면일 뿐이며 사운드 조각, 사운드 설치 및 유사한 작업들에 이를 적용한다면, 실제 예술적으로 형성된 것의 다소 큰 부분에만 해당합니다. (또한, 위에서 다룬 구성 요소들을 시각 및 공간적 촉각의 층위로 옮기는 것은 어렵지 않을 거고요.) 그럼에도 클랑쿤스트, 사운드 아트, 음향 예술과 같은 모든 일반적인 용어들은 들을 수 있는 청각적인 부분을 매번 강조하죠. 하지만 후각과 미각적인 측면은 여전히 예술에서 거의 방치되고 있다는 점 또한 흥미로운 지점이고요. 그렇기에 제 작품 중 일부는 소리-환경, 소리와 빛의 환경, 연출적 설치 등으로 분류하기도 합니다. 하지만 궁극적으로 이러한 모든 구분은 별 도움이 되진 않죠. 20/21세기의 예술은 오픈 카테고리 및 혼합형태의 예술, 독창성의 예술입니다. 앨빈 루시어(Alvin Lucier, 1931-2021)의 "Music on a Long Thin Wire"(길고 가는 와이어 위의 음악), 라 몬테 영(La Monte Young, *1935)의 "Dream House"(드림 하우스), 스테판 폰 휴네(Stephan von Huene, 1932-2000)의 "Tap-Dancer"(탭 댄서), 베른하르트 라이트너(Bernhard Leitner, *1938)의 "Raumquel-len"(공간 원천) 등과 같은 작품들을 하나의 용어 안으로 종속시키는 것은 의미가 없기 때문입니다. 만약 그렇게 하려고 한다면, 각 작품이 갖는 가치를 제대로 보지 못할 위험이 따르고요.

오 - 클랑쿤스트(Klangkunst)와 사운드 아트(Sound Art)의 차이점은 무엇인가요?

동의어로 너무나 자주 사용되는 클랑쿤스트(Klangkunst)와 사운드 아트(Sound Art)를 구별하려면 우선 두 언어의 각각 다른 기원을 살펴볼 필요가 있습니다. 클랑쿤스트는 분명 독일어권에서 유래된 개념으로 이미 지리적으로 매우 제한되어 있죠. 따라서 이 용어는 주로 독일, 오스트리아, 스위스와 같은 문화적 환경에서 만들어진 작품에 적용하는 것이 당연합니다. 그러나 국제적인 의사소통의 수단으로는 영어가 지배적이기 때문에, 사운드 아트라는 용어의 상황은 완전히 명확하지는 않습니다. 그럼에도 불구하고 여기에서도 영어권 국가에서 활동하는 예술가들을 먼저 떠올리게 되고요. 여러가지 이유에서 이러한 지리적 편입을 받아들이고 싶지 않다면, 그 차이를 두 용어의 의미 맥락으로부터 도출하는 것이 보다 합리적일 것입니다. 저는 쿤스트(Kunst, 예술)와 아트(Art)라는 개념이 두 언어 모두에서 다소 불특정하며 인플레이션적으로 사용되기에 두 예술 사이의 구분점에 그다지 관심을 두진 않는데요. 오히려 클랑(Klang)과 사운드(Sound)의 구별되는 의미의 세계를 살펴보는 것이 더 흥미로울 것 같습니다.

오 - 그렇다면 클랑(Klang)은 무엇인가요? 그리고 사운드(Sound)는 무엇인가요? 톤(Tone)은요? 소음은 무엇을 말하나요?

한때, 작곡과 학생이었던 저는 공대의 스튜디오에서 전자 음악 수업을 들었던 적이 있었죠. 당시 스튜디오 책임자는 톤(tone)과 소음의 차이점을, 톤(음정)은 따라 부를 순 있지만 소음의 경우 이와는 반대라는 설명을 시도했었는데요. 사실 이 견해는 제게 너무 단순해 보였습니다. 저는 대학 강사로서 오랫동안 음향학을 가르치는 일을 해왔는데요. 이를 음향학 관점에서 보면 그 차이점은 아주 간단하죠. 톤(tone)은 사인음(sine tone), 즉 간단한 사인 함수(sine and cosine)를 통해 수학적으로 설명될 수 있는 진동으로 정의됩니다. 반면 음향학에서 소음은 무한한 수의 주파수와 레벨로 이루어진 파동의 신호로 정의하며, 그중 부분 주파수와는 어떠한 관계도 없죠. 톤과 소음이라는 두 용어는 모두 수단 내지는 수학적 구조에 가까우며, 엄밀히 말하자면 현실세계에는 존재하지 않습니다. 그렇기에 독일어권에 남아있는 이 개념성은 거의 사인파에 가까운 플루트 소리부터 바람에 나뭇잎이 바스락거리는 소리까지 모든 측면의 소리 그 자체로 의미를 가지고요. 그렇다면 소리는 각 부분 주파수 간 법칙적인 관계의 복잡성 정도에 따라 분류될 수 있습니다. 그러나 이러한 순수 음향학적 접근 방식으로 아티스트에게 큰 이득을 가져다주는 경우는 드물죠. 이로 인해, 일부 사운드 아티스트와 작곡가들은 지각별 기준에 따라 소리의 분류 방법을 개발하려고 시도했습니다. 이 중 가장 잘 알려진 시도는 아마도 작곡가 헬무트 라헨만(Helmut Lachenmann, *1935)의 강의 〈Klangtypen der Neuen Musik〉(신음악의 사운드 유형)[1]에서 언급한 것으로, 일부 용어 선택의 아쉬운 부분을 제외하면 그의 접근 방식은 적절한 작업 기반을 만들었다고 할 수 있죠. 또한 R. 머레이 쉐퍼(R. Murray Schafer, 1933-2021)의 『The Soundscape: Our Sonic Environment and the Tuning of the World』(사운드스케이프: 우리의 음향 환경과 세상의 조율)에서도 마찬가지고요. 저는 순전히 음향학 특성 외에도 감상자의 지각 범주를 강하게 지향하며, 음향적 차원에 국한되는 것만이 아닌, 시각 및 공간-촉각 차원의 상호작용에 적용될 수 있는 구별을 선호합니다. 클랑쿤스트(Klangkunst)는 대개 장소 및 상황 특정적 예술로 기술되는데요. 그렇기에 이를 단순 음향적 현상보다 이러한 관계를 더 잘 표현해 주는 범주 적용이 보다 적합할 것입니다.

제게 있어 이 부분에서는 글, 기호, 언어 등과 같은 의미론적 범주를 먼저 언급해야겠네요. 이러한 카테고리에서 스토리의 소통적 측면은 지배적입니다. 이 범주가 떠오르면서 감상자에게 이해되는 즉시, 그 어떤 다른 모든 것들 보다 끌

---

[1] 　　　1967년 봄, 독일 공영방송 회원국 쾰른 WDR 강연에서 - 1970년 슈투트가르트 『Zeitschrift für Musiktheorie』(음악이론을 위한 매거진)에 처음 게재됨.

리게 되죠. 아무리 그것이 복잡하고 초현실적 일지라도 항상 '이야기'를 따라가려고 노력하게 됩니다. 이는 우리가 충분히 흥미로운 영화에서 더 이상 기다리고 있기만은 힘든 다음 내용의 이미지와 사운드 트랙까지, 이를 받아들일 준비가 되어 있는 이유를 말하는 것입니다. 각각의 의미 있는 기호, 글, 단어는 감상자의 시선을 사로잡고, 다른 모든 범주는 배경으로 사라지게 만들죠.

그다음으로 살펴보고 싶은 카테고리는 사실적 유형입니다. 이 범주는 출처를 명확하게 지정할 수 있는 그림이나 일상소리와 같이 명확히 내포된 의미를 가진 친숙한 사물로 구성되죠. 좁은 의미로는 재현 또는 기록, 넓은 의미로는 표현으로 인식될 수 있겠는데요. 감상자는 함의로서 나타나는 생각을 일종의 각주처럼 적용하여, 이를 자신의 지각(知覺)에 연결합니다. 이러한 유형은 이전 범주보다 비교적 덜 구체적이지만 내러티브 특성을 내비칠 수도 있습니다.

그다음으로 언급해야 할 카테고리는 인위적인 소재의 영역입니다. 이는 서사적인 것도 아니며, 다큐멘터리적이지도 않죠. 여기서 감상자는 순전히 소리적인, 공간적인, 시각 또는 구조적인 특성과 제작 방식에 초점을 맞추게 됩니다. 재료를 다루는 뛰어난 숙련의 범주, 수공예적 능력의 범주이자 컨셉의 범주이기도 하고요. 모든 예술 작품에서 우리가 무엇을 듣는지, 무엇을 보는지, 무엇을 읽는지에 대한 질문들 뿐만 아니라, 그것을 우리가 어떻게 인지하는지에 관한 질문도 함께 가져야 합니다.

의도적으로 만든 '무(無)의 상태'를 명시적으로 설정할 수 있을 뿐만 아니라, 의도적인 설정으로 인지될 수 있어야 하며, 그렇기에 이러한 점은 인위적 범주에 속하게 됩니다. 그렇지 않다면 기술적 오류로만 받아들이게 될 수 있고요. 이러한 극단적인 포지션의 예로는 존 케이지(John Cage, 1912-1992)의 곡 "4분 33초"(1952)와 백남준(1932-2006)의 "Zen for Film"(필름을 위한 선, 1962-64)이 있죠.

그러나 인위적인 것에 대한 질문에 정답이란 것이 없다면, 우리는 불확실한 범주로 들어가기 시작하거나 특정할 수 없는 대상의 범주에 속하게 됩니다. 이러한 오브제는 특별한 포지션을 취하게 되는데요, 이는 감상자에게 모호한 상태로 남아있기 때문이죠. 바로 이 지점에서 더 한 가치가 형성되고요. 열린 표식으로 이해할 수 있겠죠. 제어의 상실로서 인지되며, 표적화된 좌절감의 도구이자, 이러한 방향성 상실을 표시하는 역할을 합니다. 그 예로, 독일 예술가 볼프 포스텔(Wolf Vostell, 1932-1998)의 영상 "Sun in Your Head"(선 인 유어 헤드, 1963)를 들 수 있습니다. 이 영상에서의 이미지 간섭은 표적의 좌절감을 유발하죠. 그러나 당시만 해도 이러한 이미지 간섭은 일상적인 텔레비전 시청의 일부였기도 했으며, 감상자에게 예술적 디자인으로 명확히 인지되지 않았죠.

이와 같은 범주들의 배경에서 바라볼 때, 제게 있어 클랑(Klang)과 사운드(Sound)의 구분은 그리 중요한 부분으로 와

닿진 않습니다. 특히 많은 사운드 아트 작품이 청각적 차원으로만 환원될 수 없기 때문이죠. 종종 이러한 작품의 소리적 특성이 아닌, 소리가 주변의 시각적, 공간적, 촉각적, 사회적, 역사적 맥락에서 어떻게 위치하는지에 관한 문제입니다. 아마도 이것이 사운드 아트와 작곡의 가장 큰 차이점이 아닐까 싶습니다.

오 - 전시 설치물의 공간에서 그리고 콘서트 공연에서 소리를 다룰 때 어떤 주의점이 있을까요?

저는 연주자나 해석/지휘자가 아니기 때문에 제가 작곡한 곡의 연주회는 항상 외부인으로서 경험합니다. 볼프강 아마데우스 모차르트는 자신이 존경하던, 아버지의 친구 요제프 하이든(Joseph Haydn, 1732-1809)에게 현악 4중주 제14번부터 제19번까지 6곡을 헌정했는데요. (이를 음악학계에서는 "하이든 4중주"라고도 부르고요.) 모차르트는 하이든에게 바치는 글에서 "위대한 사람이자 나의 소중한 친구여, 여기 내 아이들을 데려가 주소서!"라고 썼습니다. 모차르트가 쓴 문구 "내 아이들"이 무엇을 의미하는지와는 관계없이, 저에겐 이 부분이 매번 작곡가와 그의 작품 사이의 관계를 설명하는 말로 느껴졌습니다. 자신의 작품을 자식처럼 대한다면, 필연적으로 그들만의 삶을 부여해야 하며, 그들이 매번 내가 생각하는 것과 다를 수 있다는 것을 받아들여야 합니다. 또한 그것이 나를 놀라게 할 때도, 상상했던 것과는 다르게 들릴 때에도, 나는 그것을 즐길 수 있어야 하죠. 같은 곡이 다른 공연들에서 서로 다르게 들리는 것은 제가 변화된 조건에 맞춰 조정한 것이 아닌, 해석자들이 작품에 대한 다른 시각을 가지고 있기에, 그에 따른 다른 측면을 강조하기 때문이죠. 악보는 항상 열려있고, 모호하고 비구체적인 상태로 남아있습니다. 이것은 다층적인 가능성의 공간을 열어주며, 해석자들은 그 공간을 통과하며 자유롭게 움직일 수 있고, 움직여야 합니다.

그러나 사운드 설치나 이와 비슷한 작업의 경우 이러한 부분들이 모두 사라지죠. 이는 설치의 시작에서부터 많은 것들이 경직되고 유연하지 않게 되기 때문입니다. 상호작용의 가능성은 분명 존재하나, 관객과의 상호작용은 숙련된 해석자가 곡에 접근하는 진정성과 같은 것에는 도달하지 못하죠. 상호작용과 해석은 완전히 다른 두 가지의 요소입니다. 이는 제가 사운드 아트 작품과 콘서트홀을 위한 작곡 사이의 균형을 맞추기 위해 항상 노력해 온 이유이기도 하고요. 콘서트홀을 위한 작곡에서 저의 관여가 많게는 리허설까지 이어집니다. 클랑쿤스트(Klangkunst)의 경우 전시 현장에서 물리적 작업으로 보통 시작하지만, 무엇보다 전시장과의 상호작용을 하며 시작되는 경우가 많죠.

오 - 그렇다면 작곡가님의 첫 번째 클랑쿤스트(Klangkunst) 설치는 어떻게 나오게 된 건가요?

저는 이 질문을 클랑쿤스트(Klangkunst) 설치에 대한 질문이 아닌 콘서트 홀을 위한 기존 작곡한 곡들과는 대조되었던 첫 작품에 관한 질문으로 바꾸어 말하고 싶네요. 제 첫 번째 작업의 자극은 외부로부터, 비옥한 땅 위 저에게 떨어진 것이죠. 베를린 상원 문화위원회(Berliner Kultursenat)는 1989년 일련의 보조금을 제공했는데요, 이 부분의 참여 작곡가들은 각자 선정된 작업이 실현될 수 있는 박물관/미술관을 찾아야만 했습니다. 여기서 '작업이 실현되다'라는 말은 이미 굉장히 클랑쿤스트로 들리죠. 실제로 각 박물관에서 연주된 것은 대부분 소규모의 실내악 콘서트였는데요. 당시 처음에는 이렇게 생각했었죠. 베를린에는 훌륭한 콘서트홀이 즐비한데, 음향적으로 불리한 조건에서 공연하기 위해 왜 내가 한 작품의 곡을 써야만 하는지. 제게 이것은 사실 이해될 수 없는 개념이었습니다. 그저 공연장의 특정 상황을 받아들여, 공간의 구조와 상황적 주변환경을 제 작업 컨셉에 통합하는 것 밖엔 방법이 없었죠.

베를린 장벽이 무너지기 몇 달 전인 1989년, 베를린에는 단 하나의 박물관이 있었습니다. 루드비히 미즈 판 데어 로에(Ludwig Mies van der Rohe, 1886-1969)가 설계한 베를린의 신 국립미술관(Neue Nationalgalerie), 다른 어떠한 박물관도 압도할 수 있는 건축적 힘을 갖고 있죠. 이 건물은 일반적인 미술관-박물관의 모습과는 정반대입니다. 거대한 창문으로 둘러싸인 50 x 50 미터 크기의 정사각형 상부 홀은 사방이 완전히 투명하며, 외부 세계와 전시물과의 분리가 아닌 일상 세

계와 미술관의 고립된 분위기가 서로 관통하죠. 당시 이곳에
선 예술에서 개방적이고 예측할 수 없으며 계획할 수 없는 것
을 상징하는 화가 빌리 바우마이스터(Willi Baumeister, 1889-
1955)의 전시회가 열렸고, 제 작품은 그 전시의 마지막 날인
피니사쥐에서 선보여야 했습니다.

그래서 저는 개방적이고, 불확실하며, 통제할 수 없는 지
점에 주목했죠. 그렇게 80분의 곡, "Im Anfänglichen läuft
keine Spur – wer könnte da suchen"(태초에 어떠한 흔적도
흐르지 않는다. - 누가 그곳을 찾을 수 있겠는가)이 만들어졌습니
다. 이 제목은 고대 중국의 선(禪) 이야기인 "십우도"(十牛圖,
Ten Bulls)의 첫 번째 이미지에서 차용한 것으로, 그림의 순환
시리즈로 오늘날에도 한국과 다른 지역의 거의 모든 사찰에
서 그림의 주련(柱聯)으로 볼 수 있는 이야기죠. 첫 번째 그림
은 여전히 방향 없이 내면의 길을 찾는 모습을 묘사한 것으
로, 작업의 기획 단계에서부터 참고했으며 동시에 선불교에
대한 바우마이스터의 매혹을 포착하는 데에도 도움이 되었습
니다.

이 작품은 감상자의 동선이나 행동을 통제할 수 없으면
서 지각적으로 인지될 수 있는 저의 첫 번째 곡이기도 했죠.
4명의 악기 연주자가 신국립미술관 바깥 외부의 네 코너에 서
있었고, 정문 앞에는 타악기 연주자가 있었습니다. 그리고 이
들은 다 같이 일상적인 음향 환경 속에서 연주를 시작했죠. 이
연주자들은 마이크를 사용했습니다. 그들의 소리는 라이브

전자적으로 처리되어 상부 홀의 내부 공간에서 4채널(쿼드로 포닉)로 재생되었죠. 악기 연주자들 간의 의사소통은 불가능했습니다. 각 연주자들은 미리 정해진 악보에서 무작위로 그 섹션들을 연주했기 때문이죠. 그렇기에 최종 사운드 결과물은 제어할 수 없는 것이고요. 또한 나머지 3개의 건물 외벽에는 3명의 퍼포머가 각각 공연을 진행하였기에 모든 것을 동시에 관람할 수는 없었습니다. 신국립미술관의 외부로 이동하였을 때는 악기 연주자나 퍼포머 개개인을 가까이서 볼 수 있지만, 동시에 형성되는 전체적인 음향적 상황을 모두 놓치게 되죠. 하지만 상부 홀의 내부로 들어가게 되면, 공연장 밖 연주자들과 간접적으로만 접촉하면서 음향적 층위의 전체 결과물을 그대로 느낄 수 있고요. 어느 위치에서도 작품 전체를 인지할 수는 없게 했죠. 각 포지션들은 작품의 많은 부분 또한 매번 제한하는 역할을 했을 것이며, 다른 포지션들도 동일하게 적용될 수 있었음을 명확하게 보여주었습니다. 따라서 감상자는 자신의 지각에서 능동적인 역할을 받게 된 것이죠.

오 - 그렇다면 작곡가님의 클랑쿤스트(Klangkunst) 작업은 매번 장소 특정 형태로 진행되나요?

제 클랑쿤스트(Klangkunst) 작업들을 하나의 관점에서만 보기에는 어렵다고 생각합니다. 그러한 작품들마다 다른 측면을 강조하는 경우가 더 많기 때문이죠. 물론 장소-관계성은 매번 중요한 요소로 표현됩니다. 하지만 장소-관계성과 상황-관계성을 서로 분리하는 것은 원치 않습니다. 신국립미술관(Neue Nationalgalerie)을 예로 들었을 때, 미술관과 건축물에 대한 관계성은 존재하나, 다른 한편으로는 당시 빌리 바우마이스터(Willi Baumeister) 전시와 일상의 환경, 미술관 외부에서만 퍼포먼스를 하는 상황적 관계성도 있었죠. 처음부터 순회 전시로 기획되어 특정 장소와는 거의 관련될 수 없는 2009년 작품 "Syphon"(사이폰)과 같이 때로는 더 강조되고 때로는 덜 강조되는 일련의 레퍼런스들이 항상 존재합니다.

오 - 그 작품에 대해 좀 더 자세히 설명해 주시겠어요?

"Syphon"(사이폰)은 슈테판 프리케(Stefan Fricke, *1966)와 요하네스 S. 시스터만(Johannes S. Sistermanns, *1955)의 제안으로 독일 음악 위원회(Deutscher Musikrat)의 사운드 아트 전시회 〈Klangkunst - a german sound〉(클랑쿤스트 - 독일의 사운드)를 위해 만들어진 것입니다. 이 전시는 처음부터 순회 전시로 계획되었기에 일정 부분의 제약이 따랐죠. 다양한 아티스트들의 작품 10점 모두, 작품 당 두 개의 비행 캐리어 가방에 담아야 했고요. 또한 이 작품들은 '주방'이라는 주제와 넓은 의미 안에서 모두 연결되어야 했죠. 그렇지 않으면, 각 작품들은 독립적인 형태가 되기 때문이거든요.

제 작품 "Syphon"(사이폰)은 일반 가정용 양동이로 구성되어 있습니다. 그 양동이 위쪽으로는 다른 소리들도 들릴 수 있는 배수관 하나가 튀어나와 있으며 오래된 청소용 천으로

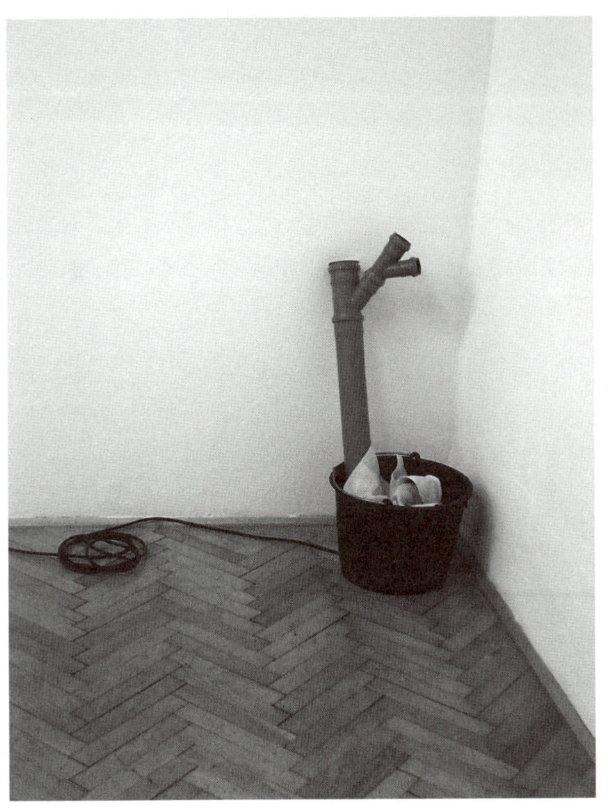

덮여 있죠. 양동이 자체는 마치 작업자가 실수로 놓은 것처럼 보이도록 각 위치에 배치해야 했고요. 그렇기에 "Syphon"(사이폰)은 많은 사운드 아트 작품의 일시적이거나 부수적인 특성을 띕니다. 그러나 다른 한편으로는 기술 및 정보 기술 분야와 함께 독일어권 내에서 장인 정신의 맥락에서 나타나는 '설치'라는 개념의 문자 그대로의 전의(轉義)를 말합니다.

프란츠 마틴 올브리쉬(Franz Martin Olbrisch), "Syphon",
<Klangkunst – a german sound>(클랑쿤스트 – 독일의 사운드) 전시 전경,
Galerie 5020, 오스트리아 잘츠부르크(Salzburg), 2012

사진: 슈테판 프리케(Stefan Fricke)

오 - "Syphon"(사이폰)과 함께 같은 해에 사운드 설치물인 "infinito blanco"(인피니토 블랑코)도 발표하셨죠? 이에 관해 조금 설명해 주시겠어요?

"infinito blanco"(인피니토 블랑코)는 독일 프랑크푸르트(Frankfurt am Main)에 위치한 독일 공영방송 회원국인 hr(Hessischer Rundfunk)의 센터 입구를 위한 설치 작품으로, 라디오 프랑크푸르트의 의뢰로 제작되었습니다. 이 작업 역시 모든 측면에서 장소-관계성을 명확하게 보여주죠. 유리와 돌로 이루어진 건축적 특징을 지닌 홀은, 1949년 당시 독일 연방의회 본회의장으로 설계되었으나 현재 프랑크푸르트 방송국 hr의 '골드 홀'로 건물 목적성에 있어 큰 변천사를 가지는 냉담한 분위기의 공간입니다. 당시 독일 연방 공화국은 신생 국가였기에 프랑크푸르트가 미래의 수도가 될 것으로 예상했었죠. 그러나 투표에서 국회의원들은 '본'(Bonn)에 찬성표를 던졌습니다. 그 이후부터 그 공간과 건물은 프랑크푸르트 방송국 hr이 사용하게 된 거죠.

"infinito blanco"(인피니토 블랑코) 작업을 시작했을 때, 이미 정전형 스피커의 반사 현상에 대한 실험을 꽤 오랜 기간 동안 해오고 있었습니다. 평평한 양극성 스피커는 특히 고주파에서 매우 좁은 전파 각도를 가지기에, 유리나 석벽에서 그 반사를 뚜렷하게 감지할 수 있죠. 방송국의 '골드 홀'에서처럼 유리 전면이 반원 모양으로 휘어진 구조물은 반사망을 형성시키고, 관객은 그 공간 안에서 자유롭게 이동 가능하고요.

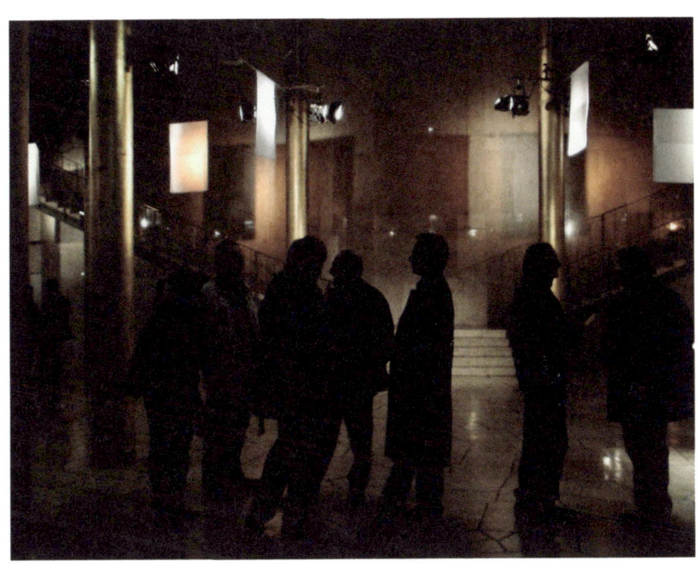

하얀 긴 원단에 덮인 12개의 스피커는 마치 빈 캔버스과 같은 효과를 냅니다. 이 형상물은 스피커로 인지하기 어려운 채로 관람객의 머리 위로 풀리듯 공중에 떠 있고요. 그러나 소리들은 벽을 통해 반사된 것으로만 인지할 수 있기에, 공간 내 소리 시작점이 없는 채로 명확하게 들리죠. 반사로 인해 스피커가 존재할 수 없는 지점에서 소리가 느껴지도록 하는 겁니다. 그렇게 하나의 혼란스럽고 불편한 소리 파편의 얽힘이자 직물망(織物-網)이 형성되는 거죠. 이는 신음악(Neue Musik)의 다양한 구성에서 차용한 것이자, 현대 음악 분야의 핵심 주체로서 가지는 라디오 방송국 기능을 나타내기도 합니다.

프란츠 마틴 올브리쉬(Franz Martin Olbrisch), "infinito blanco",
프랑크푸르트 공영방송 회원국 hr(Hessischer Rundfunk) 골드홀,
전시 전경, 독일 프랑크푸르트(Frankfurt am Main), 2009

사진: 베아테 올브리쉬(Beate Olbrisch)

슈 - 2006년 다름슈타트 국제현대음악제(Darmstädter Ferienkurse)가 열리는 동안 그곳 쿤스트할레에서, 그리고 그 후 재구성 형태로 선보인 작품 "Schichtwechsel - temps et mouvement"(시프트 체인지 - 시간과 무브먼트)을 2008년 도나우에싱엔 현대음악제(Donaueschinger Musiktage)에서 선보였습니다. 개인적으로 굉장히 정교한 설치작품으로 기억하고 있는데요, 이 작품의 아이디어와 구현 과정에 대해 말씀해 주실 수 있을까요?

저는 오랫동안 제 아내인 베아테 올브리쉬(Beate Olbrisch, *1951)와 오디오 비주얼 프로젝트들을 진행해 왔었습니다. 처음엔 아내가 제작한 이미지를 동기식 슬라이드 프로젝터를 사용하여 구현하였고, 이후 비디오 프로젝션으로 설치를 진행했습니다. 이 프로젝션을 통해 "Schichtwechsel - temps et mouvement"(시프트 체인지 - 시간과 무브먼트)의 작품에서 처음으로 공간 전체를 소리와 빛의 환경으로 탈바꿈시켰죠.

이 작품은 "infinito blanco"(인피니토 블랑코)와 달리 장소적 관계성을 거의 인지하기 힘든 설치물입니다. 실제 공간은 감춰진 것과 다름없었죠. 그 장소의 전체는 미디어에 따라 결정되는 것과 같기 때문입니다. 바닥면 위 3개의 영사면들이 시각적으로 공간을 지배하는데요, 영사 표면에는 거울이 놓여, 3개의 영상 중 일부가 벽으로 반사됩니다. 이 3개의 영사면은 바닥에서 약 15cm 위에 떠있으며, 걸을 때 묘한 불안감을 조성하죠. 바닥과의 시각적 거리가 신체적 감각과는 일치

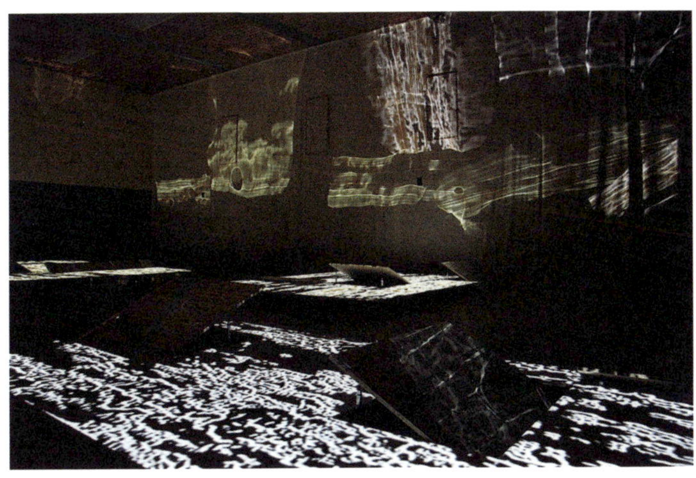

하지 않는 것이죠. 공간이 불안정해 보이는 것입니다. 여기서도 전파 형태가 집중된 정전형 스피커를 사용하여 음향적 층위가 결정되고요. 또한 "Schichtwechsel – temps et mouvement"(시프트 체인지 – 시간과 무브먼트)의 경우 "infinito blanco"(인피니토 블랑코)와 같이 현대 기악 및 성악의 가장 작은 단편적인 조각들에서 따온 소리 재료로 이루어져, 짧고 끝없는 반복으로 인해 콘서트 홀이라는 관계성이 사라집니다. 기계로 제어되는 작업 세계에서 반복적으로 재생되는 타진음과 치찰음(齒擦音, sibilant)에 가까운 소리가 들려오고요. 특히 비디오 프로젝션의 분할 화면 역시 장소 관계성에서 벗어나게 되며 각각 사운드 레이어의 리듬 요소만이 포착되기에, 독일에서 가장 중요한 현대 음악의 사건 장소인 다름슈타트(Darmstadt)와 도나우에싱엔(Donaueschingen)에서 이루어진

프란츠 마틴 올브리쉬(Franz Martin Olbrisch),
"Schichtwechsel – temps et mouvement",
다름슈타트 국제현대음악제(Darmstädter Ferienkurse),
쿤스트할레 다름슈타트(Kunsthalle Darmstadt) 전시 전경, 2006

사진: 베아테 올브리쉬(Beate Olbrisch)

장소-관계성은 이러한 소리 재료로 인해 감각적으로 인지되기 어려운 부분이 형성됩니다. 남은 것은 주어진 장소나 상황과는 아무런 연관성이 없는 완전한 중간 매개적 공간일 뿐이죠. 여기서 우리는 다시 한번 클랑쿤스트(Klangkunst)에 대한 전통적 정의의 한계에 부딪히며, 클랑쿤스트가 더 이상 클랑쿤스트가 아니라면, 무엇일 수 있는지 말하기 어려워지게 되는 겁니다.

오 - 2015년에는 "Dennoch lauert im Gesang der Vögel das Schreckliche"(그럼에도 불구하고 새들의 노래에는 공포가 숨어있다) 설치 작품에서 '노동/노동세계'(Arbeit/Arbeitswelt)라는 일상적인 특별한 주제를 다루기도 하셨습니다. 이 주제에 관심을 둔 이유는 무엇인가요?

노동(Arbeit) 또는 노동세계(Arbeitswelt)라는 주제는 제게 그저 많은 관계 지점들 중 하나에 불과합니다. 또한 노동세계를 주제로 무언가를 꼭 해보고 싶다 하여, 그것을 실현할 수 있는 장소가 제게 오는 것도 아니죠. 베를린의 신국립미술관(Neue Nationalgalerie)은 예외에 가까웠고요. 당시에는 장소를 선택한 다음, 이를 위한 컨셉을 개발했었습니다. 그 이후에는 거의 매번 외부에서 장소나 상황이 정해져 제게 의뢰 왔었고요. 2007년 라이프치히(Leipzig) 외곽에 위치한 콜디츠 성(Schloss Colditz)에서 사운드 설치물 "Between Walls"(벽 사이)가 그 예입니다. 여기서 저는 '제2차 세계대전의 전쟁 포로'

를 주제로 삼았죠. 2010년 퀼른에서 선보인 "palinsesto"(팔린세스토) 또한 '유럽'이라는 주제가 주어졌었고요. 1999년과 2015년, 독일 비텐(Witten)에서 실현한 두 작품 또한 마찬가지죠. 루르(Ruhr) 지역에 위치한 도시 비텐은 독일에서 가장 중요한 현대 음악 축제 중 하나인 비텐 현대실내악음악제(Wittener Tage für neue Kammermusik)가 열리는 도시이자 루르 지역의 광업 발상지이기도 합니다. 그렇기에 비텐은 독일의 신흥 산업화에 있어 가장 중요한 장소 중 하나이기도 한데요. 비텐의 석탄은 지표면과 매우 가까워 광업의 특별한 기술적 시스템 작업이 없이도 간단한 방법으로 채굴할 수 있었죠. 여기서 제게 채굴이라는 주제는 당연한 선택이었습니다. 1999년 그곳에서 열린 축제에서 "Dissimilation"(부동화 - 不同化)이라는 연출적 설치물을 실현했었는데요. 이 작품은 사운드 설치, 오디오 드라마, 음악극이 혼합된 작품으로 옛 나흐티갈(Nachtigall) 탄광 관리소의 두 공간에서 전시되었습니다. 굉장히 많은 음성 텍스트로 구성되어 있었는데요, 이는 주로 광부들이 상급 당국에 보냈던 호소 편지로써 19세기 광업의 사회적 상황이 반영되어 있습니다. 이 텍스트들은 한때 바닥에 흩어져 있었던 편지들로, 스피커를 통해 들려 오기도, 때로는 설치물 내 위치한 오래된 나무 테이블에 앉아 있는 한 명의 음성으로 글이 들려오기도 하죠. 낭만주의 시인 노발리스(Novalis, 1772-1801)의 광산에 관한 짧은 글의 단편들 또한 포함되어 있었는데요. 그의 본명은 원래 게오그 필립 프리드리히 폰 하덴베르크(Georg Philipp Friedrich von Hardenberg)로 그 또한 광산공학을 공부했으며, 광업에 대해서도 잘 알고 있었죠. 저 역시 루르 지역의 광산업 정착촌에서 자라왔고, 어린 시절부터 이 주제에 관해 잘 알고 있었기에 짧은 자전적 글 또한 나올 수 있었습니다. 이 작품 "Dissimilation"(부동화 - 不同化)는 사운드 설치, 오디오 드라마, 음악극 사이의 경계를 의식적으로 해체를 시도한 첫 작품이었습니다. 이후 2008년 비텐 현대 실내악 음악제에서 선보인 "Augenblicke, in denen die Zeit sich spiegelt"(시간이 반영되는 순간)과 2014년 다름슈타트 국제현대음악제(Darmstädter Ferien-kurse)에서 실현한 "rods and strings"(막대와 현)에서도 이러한 해체 경향이 드러났고요. 두 경우 모두, 주어진 시간 내에서 이뤄지는 사운드 및 비디오 설치에 콘서트 형식을 통합하는 것에 중점을 두었다고 할 수 있습니다.

제 작품들에서 많은 부분은 감상자가 다양한 예술적 맥락에서 어떠한 행동/태도를 취할 수 있는지에 관한 질문을 다룹니다. 물론 이 질문에는 다양한 감상 기회 간의 차이점을 다루는 것도 포함되고요. 공공장소에서의 작업은 일반적인 예술과 음악계에 관심이 없는 관객과 매번 맞닿을 수 있다는 것을 의미합니다. "Dissimilation"(부동화 - 不同化), "Dennoch lauert im Gesang der Vögel das Schreckliche"(그럼에도 불구하고 새들의 노래에는 공포가 숨어있다) 등의 공공장소에서의 작품들은 주로 음악과 예술 애호가들로 구성된 비텐 페스티

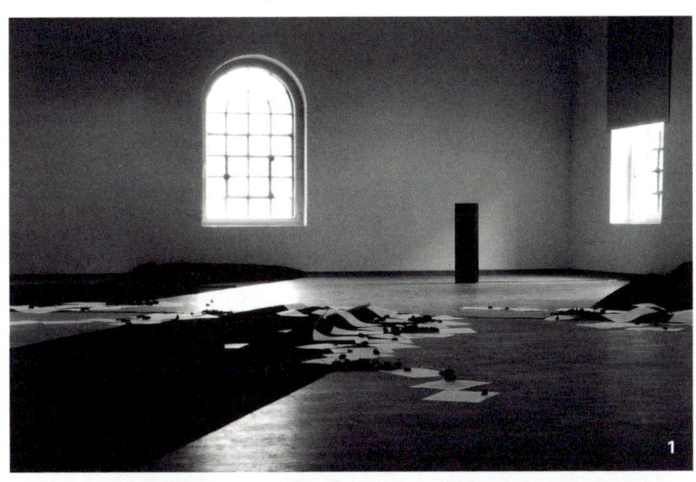

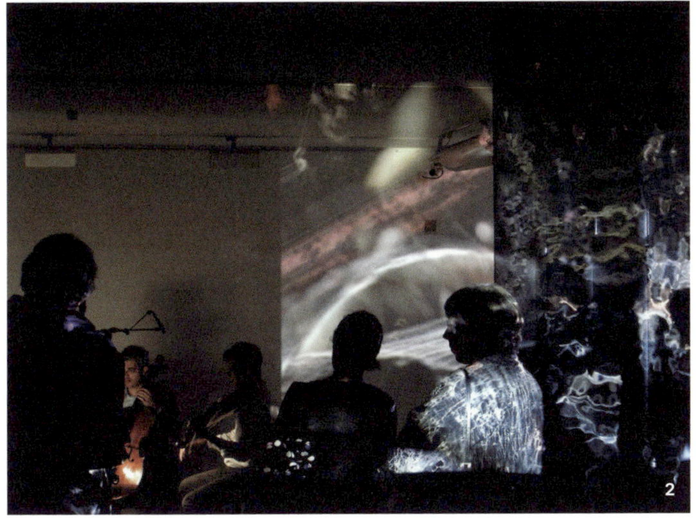

1
프란츠 마틴 올브리쉬(Franz Martin Ol-brisch), "Dissimilation",
비텐 현대 실내악 음악제(Wittener Tage für neue Kammermusik)
전시 전경, 1999

사진: 베아테 올브리쉬(Beate Olbrisch)

2
프란츠 마틴 올브리쉬(Franz Martin Ol-brisch), "Augenblicke, in denen die Zeit sich spiegelt", 비텐 현대 실내악 음악제 (Wittener Tage für neue Kammermusik)
공연, 2008

사진: 베아테 올브리쉬(Beate Olbrisch)

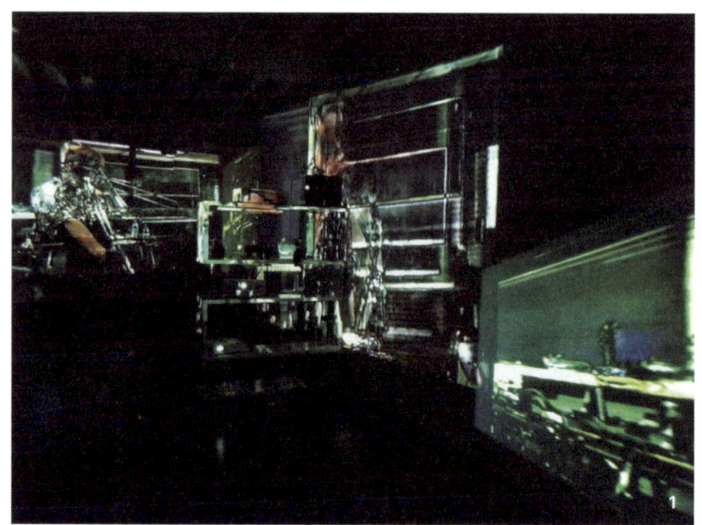

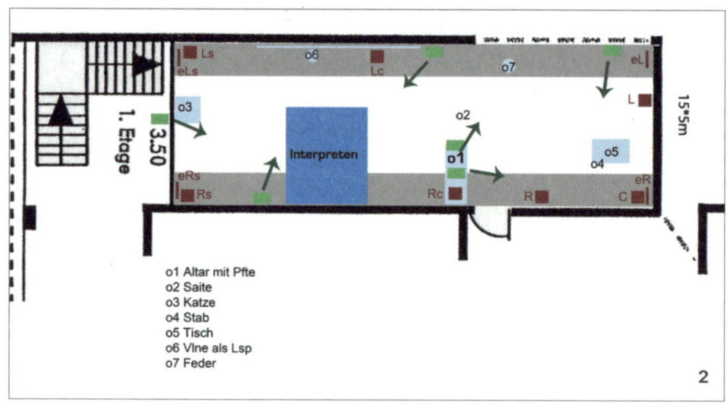

1

프란츠 마틴 올브리쉬(Franz Martin Olbrisch), "rods and strings", 다름슈타트 국제현대음악제(Darmstädter Ferienkurse), 쿤스트할레 다름슈타트(Kunsthalle Darmstadt) 전시 전경, 2014

사진: 베아테 올브리쉬(Beate Olbrisch)

2

프란츠 마틴 올브리쉬(Franz Martin Olbrisch), "rods and strings", 설치 도면 스케치, 2014

사진: 프란츠 마틴 올브리쉬(Franz Martin Olbrisch)

벌의 관객만을 위해 만들어진 것은 아니죠. 이 작품들은 비텐의 무텐탈(Muttental)에 있는 주말 산책객이 감상할 수도 있기 때문입니다. 그렇기에 때로는 '평범한' 사람들의 일상세계와 양립할 수 있는 주제가 필요하기도 하죠. 제가 어린 시절부터 이 세계에 대해 잘 알고 있었던 것이 미미한 역할을 했지만 도움이 된 것은 분명하죠. 물론 어릴 때, 이 루르(Ruhr) 지역과 광산업에 매우 중요한 카나리아 사육에 대한 것을 모두 알고 있었기도 했습니다. '환기 불량'이라는 경보를 알려주는, 광산에서 광부들의 생존에 필수적인 새들의 이야기 말이죠. '환기 불량'(독일어 은유: schlechte Wetter - 나쁜 날씨)은 탄광업에서 사용되는 용어로, 탄광의 공기에 산소가 너무 적어 지하에서 숨을 쉴 수 없는 상태를 말합니다. '폭발 위험'(독일어 은유: böse Wetter - 악천후)은 유독한 대기 상황을 의미하고요. 이런 이야기를 루르 지역 주민들도 대부분 알고 있었으리라 짐작할 수 있죠. "Dennoch lauert im Gesang der Vögel das Schreckliche"(그럼에도 불구하고 새들의 노래에는 공포가 숨어있다)는 광산업의 일상을 공간적으로 넓게 분리된 세 개의 이미지로 풀어낸 이야기입니다. 채굴 도구와 카나리아 새가 있는 옛 탄광 터널 입구의 세 가지 이미지(살아 있는 새가 있는 새장과 함께 광산 밖으로 걸어 나오는 모습, 새를 신호 장치로 삼아 탄광 현장에서 일하는 모습, 새장 옆 죽은 카나리아 새가 놓여있는 참상)는 광산과 관련된 장소에서만이 이를 온전히 읽을 수 있죠. 그것이 제 감상자와의 접점이었습니다.

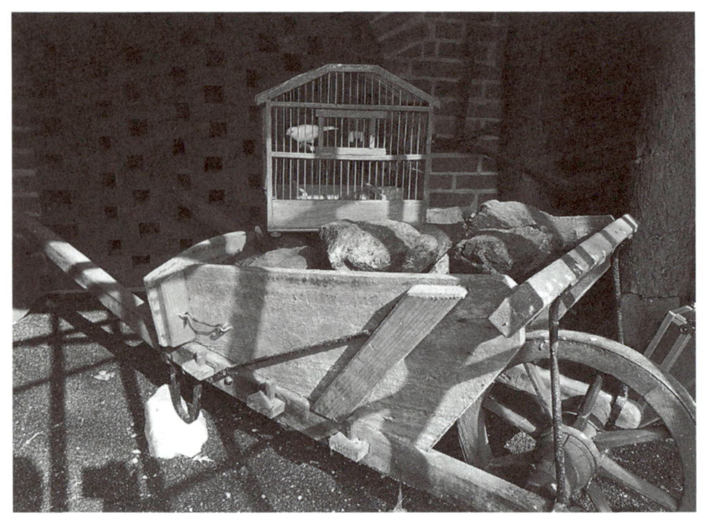

슈 - 때로는 기악곡을, 때로는 성악곡을 작곡하며, 설치 작품도 만드시죠? 그 외에도 라디오 방송으로 전파되는 작곡도 즐겨하시죠. 이러한 라디오 방송용으로 제작한 곡 중 일부는 설치 작품으로도 구현했고요. 예를 들어, 1993년 도나우에싱엔 현대음악제(Donaueschinger Musiktage)에서 초연을 가진 라디오용 작곡 "FM o99.5"가 있습니다. 이렇게 설치물로 재구성한 이유는 무엇인가요?

이 작품의 라디오포닉 설치물 명칭에 관한 아이디어는 제게 작품을 의뢰한 아르민 쾰러(Armin Köhler, 1952-2014)에게서 비롯된 것입니다. 그러나 이 아이디어를 저만의 것으로 만들어 이 작품을 묘사하는 데에 계속 사용하고 있죠. 이미 우리

프란츠 마틴 올브리쉬(Franz Martin Olbrisch),
"Dennoch lauert im Gesang der Vögel das Schreckliche",
비텐 현대 실내악 음악제(Wittener Tagen für neue Kammermusik) 설치 일부, 2015

사진: 베아테 올브리쉬(Beate Olbrisch)

는 여기서 클랑쿤스트(Klangkunst), 사운드 아트(Sound Art) 등 모든 분야에 영향을 미치는 전문 용어의 여러 문제점에 대해 이야기를 해왔는데요. "FM o99.5"을 도나우에싱엔 지역에서 48시간 동안 방송되는 평범한 라디오 프로그램으로 설명할 수도 있으나, 이는 분명 완전히 다른 접근 방식이었습니다. 이 작품은 사실 다채롭게 연결된 개별 방송 포맷으로 고정되어 있는 것처럼만 보이죠. 그러나 실제로는 48시간 전체가 일관된 구조를 따르고 있으며, 이를 가장 작은 부분/구간까지 일관되게 다시 가져와 재해석했습니다. 하지만 이는 단지 형식적인 연결만을 설명할 뿐 설치적 특성에 대한 질문에 대한 답은 아니긴 하네요. 애초에 시각적 구성 요소 없이, 또한 종종 짜증을 유발하며, 지속적인 음향이 배제된 공공장소의 설치물로 구상된 제작 과정을 설명할 수 있을 것 같습니다. 즉, 공공장소에서의 사운드 아트 작품을 어떻게 설치할 수 있을지, 모든 사람이 접근할 수 있고 듣고 싶지 않은 사람에게는 방해가 되지 않도록 하는 것이 중요한 점이죠.

슈 - 작품 "FM o99.5"에 대해 조금 더 자세히 말해줄 수 있을까요?

"FM o99.5"은 저의 첫 라디오용 특별 작곡일 뿐만 아니라, 저의 가장 급진적인 라디오 전문 작곡이기도 합니다. 당시 도나우에싱엔 현대음악제(Donaueschinger Musiktage)의 예술 감독이었던 아르민 쾰러(Armin Köhler)로부터 클랑쿤스트

(Klangkunst) 분야의 곡을 의뢰를 받았을 뿐이었는데요. 저는 제 작업을 축제 자체로, 특히 1950년대, 즉 SWF 남서독일 방송 바덴-바덴 방송국(Südwestfunk Baden-Baden, 현 독일 공영방송 회원국 SWR - Südwestrundfunk 남서독일 방송)에 도나우에싱엔 현대음악제의 프로그램 콘텐츠가 처음으로 편성된 해 이후의 기간으로 한정하고 싶었기에, 제작 처음부터 라디오라는 미디어를 염두하여 작업을 구상했었습니다. 그렇기에 클랑쿤스트 작업을 라디오 방송 프로그램으로 직접 기획하는 것은 어떨까 생각하게 된 거죠. 이 프로젝트는 SWF(남서독일 방송국 바덴-바덴)가 자체 라디오 주파수를 확보해야만 가능한 것이었습니다. 그래서 제가 이 작업을 시작할 때에 SWF 방송국 또한 담당 기관에 주파수 하나를 신청했죠. 이 신청의 승인 여부는 오랜 시간 동안 불분명했었으나, 결국 일이 잘 풀렸었습니다. 어쨌든, 라디오라는 매체는 이 작업의 가장 중요한 전제 조건 중 하나였습니다. 친밀감, 시간 제약, 장소에 구애받지 않는 감상 등 방송이 가진 모든 측면을 제공할 뿐만 아니라, 지속적인 음향을 통해 도시 공간에서 사람들에게 불필요한 방해를 주지 않고도 항상 청취 가능하다는 것이 장점이었죠. 그러나 라디오 외에도 이러한 설치물은 존재할 수 있습니다.

슈 - 작곡가 님이 말씀하신 것처럼 급진적인 것, 이는 "FM o99.5"의 48시간 재생 시간으로도, 즉 48시간의 작곡이란 점으로도 충분히 성립되는 지점입니다. 물론 이것이 유일한 이유가 되진 않기도 하지만요.

48시간에 있어서는 이 사실들이 중요했습니다. 그 당시 그리고 수십 년 동안 매 금요일 저녁 8시의 오프닝 콘서트와 함께 이 음악제가 시작되었습니다. 일요일 저녁 8시에는 모든 참가자를 위해 축제의 후원자인 퓌르스텐베르크(Fürstenberg)의 영주(領主)가 주최하는 성(城)의 피로연/리셉션을 통해 축제가 마무리되고요. 제게 '48시간'이라는 것은 그저 채워져야 할 시간적 차원이었습니다. 이 또한 방송이기 때문에 그 시간은 반드시 채워야만 하는 것이죠. 새벽 3시에 듣는 사람이 거의 없을 것이라고 이미 염두했지만, 그럼에도 이 시간대를 위해 작곡한 오리지널 곡이 있었죠. 하지만 이러한 조건 덕에, 각 시간대별 분위기에 맞는 다양하고 구체적인 구성이 가능했습니다. 48시간의 전체 프로그램은 83개의 개별 파트로 이루어져 있었으며, 이 중 몇몇 일부만이 이 기간 동안 여러 버전의 형태로 반복되었죠. 어느 정도 익숙한 라디오 형식에 대한 시사점이 있었으나, 제 예술적 계획에서 크게 벗어나지 않았죠. 또한 프로그램의 취소 소식들은 이에 맞는 사회와 함께 방송을 내보냈으며, 현재 음악제와 관련한 인터뷰가 담긴 라이브 리포트를 컨셉에 포함시키기도 했습니다. 이것은 말 그대로 우리가 알고 있던 라디오 방송이었죠. 음악, 음성 연설, 사운드 아트 그리고 라디오라는 기관으로서 수년 동안 만들어온 모든 측면을 담고 있었고요.

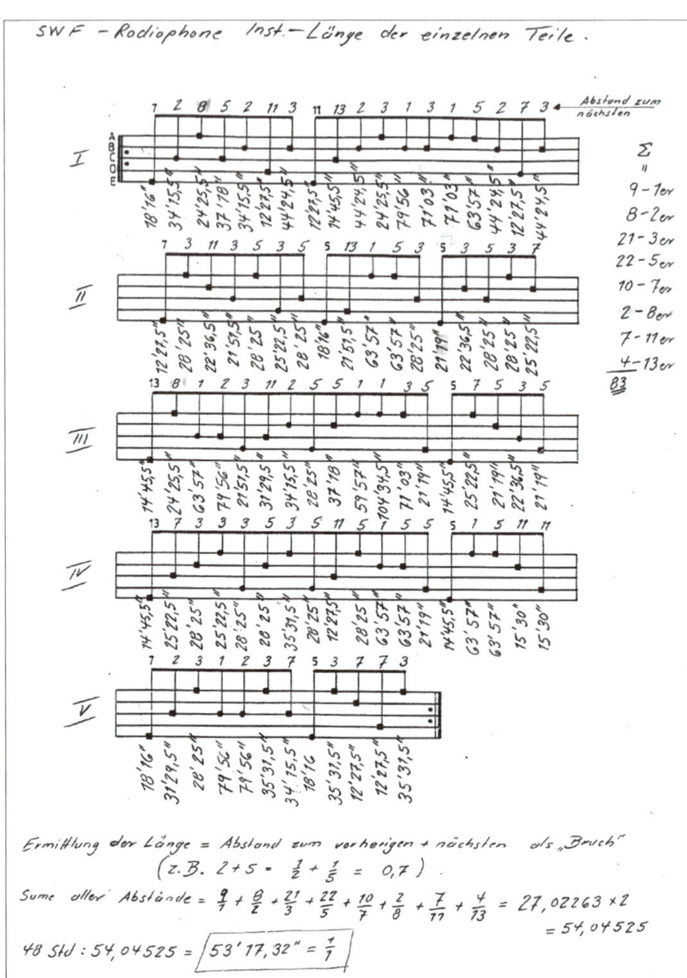

프란츠 마틴 올브리쉬(Franz Martin Olbrisch), "FM o99.5", 악보 일부, 1993

사진: 프란츠 마틴 올브리쉬(Franz Martin Olbrisch)

슈 - 1993년 도나우에싱엔 현대음악제(Donaueschinger Musiktage) 관객들은 작은 휴대용 라디오 수신기를 이어폰과 함께 나누어 주어, 작곡가님의 곡을 어디서든 청취할 수 있도록 했습니다.

이미 앞서 언급했듯이, 방송국 SWF(남서독일 방송국 바덴-바덴)은 제 작업을 위해 라디오 주파수를 신청했었습니다. 그렇게 99,5 MHz의 주파수로 48시간 동안 도나우에싱엔(Donaueschingen) 지역에서 축제와 병행하여 방송이 되었죠. 도시 도나우에싱엔과 근교 주민들은 가정용 기기나 차량용 라디오를 통해 이 방송을 쉽게 들을 수 있었습니다. 하지만 도나우에싱엔 현대음악제(Donaueschinger Musiktage) 방문객의 경우 음악제 사무국에서 이들을 위한 소형 휴대용 라디오 수신기를 제공해야만 했죠. 그렇게 담배 한 갑 크기의 배터리 장착 소형 휴대용 FM 수신기 수백 대를 확보하게 된 겁니다. 헤드폰 케이블이 안테나 역할을 하고 88-108 MHz의 주파수를 커버하는 라디오 기기였습니다. 음악제 방문객들은 축제 기간 동안 코트 주머니에 넣어 두었다 원할 때마다 켜서 사용할 수 있었죠. 그중 일부는 라이브 공연 중에도 제 음악을 듣던 사람들도 있었습니다. 페스티벌이 끝날 무렵 이 소형 라디오를 따로 수거는 하지 않았기에 아마도 당시 몇몇 관객들은 그들의 집 서랍 어딘가에 유품처럼 보관하고 있을 겁니다.

슈 - 앞서 언급한 라디오 형식과 모바일-설치 세팅과의

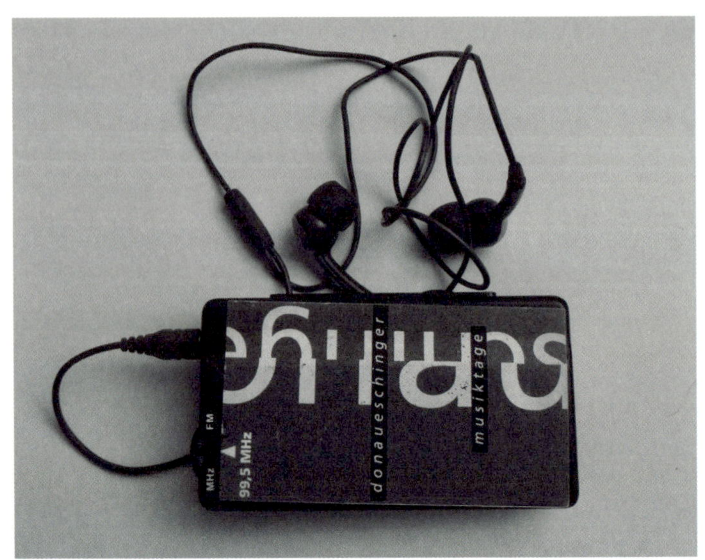

연관성 외에도 "FM o99.5"는 1921년 설립된 세계에서 가장 오래된 현대음악 페스티벌인 도나우에싱엔 현대음악제(Donaueschinger Musiktage)의 역사를 반영합니다. 1970년대부터 가끔 사운드 아트 형식의 작품을 선보이다, 1990년대 초부터 이를 매년 페스티벌 프로그램에서 보여주고 있죠. 참고로 작곡가님 이후, 다른 참여 작곡가들 또한 그 뒤를 이어 이러한 변형된 프레젠테이션 형식 안에서의 역사적 유물성과 함께 구성된 곡을 해왔습니다. 이렇듯 최근 도나우에싱엔 음악제의 역사를 살펴보았을 때, 이는 마치 축제의 자기 참조적 작곡 줄기의 흐름과 같기에, 자세히 살펴볼 필요가 있을 것

프란츠 마틴 올브리쉬(Franz Martin Olbrisch), "FM o99.5",
도나우에싱엔 현대음악제(Donaueschinger Musiktage)에 사용된
소형 휴대용 라디오 수신기, 1993

사진: 프란츠 마틴 올브리쉬 (Franz Martin Olbrisch)

같은데요.

"FM o99.5"는 광범위한 레퍼런스를 사용한 저의 첫 번째 작품이기도 합니다. 이는 그저 도나우에싱엔 현대음악제(Donaueschinger Musiktage)를 위한 작업이 아닌, 이 자체를 위한 것이기도 했죠. 베를린의 음악학자 헬가 드 라 모테-하버(Helga de la Motte-Haber)는 클랑쿤스트(Klangkunst)에 관해, 이 장르에서 장소와 상황 관계성이 어떠한 역할을 하는지를 그녀의 여러 에세이와 인터뷰에서 거듭 강조하기도 했습니다. 베를린 작곡가로서 저는 이러한 접근 방식에 매우 익숙하기도 했고요. 도나우에싱엔 현대음악제의 사운드 아트에 관한 프로젝트를 의뢰받았을 때, 처음부터 이 중요한 페스티벌의 장소와 역사를 밀접하게 연관 지어 작업해야겠다는 생각이 들었습니다. 그래서 음악제의 디렉터인 아르민 쾰러(Armin Köhler)에게 SWF 방송국의 방대한 아카이브 기록물에 접근할 수 있게 해달라고 요청했죠. 물론 1950년부터 1992년까지 42년간의 모든 작품들을 보는 것은 사실상 불가능했습니다. 그랬기에 제 작업의 단초적 재료는 콘서트, 토론 등 역사적 자료, 즉 도나우에싱엔 현대음악제 그 자체가 된 것입니다. 이 모든 자료는 라디오 방송국 아카이브의 출처를 가지기에, 지역 연관성과 라디오 매체에 관한 연결성은 보장이 된 상태였죠. 이것은 하나의 거대한 자료 컬렉션과도 다름 없었습니다. 세계 초연, 독일 초연 또는 오케스트라 사운드, 실내악, 언어, 재즈 특히 단선율의 사운드, 짧은 제스처 소리, 짧고 빠른 개별적 음조 등 여러 음악적 특징에 따라 매우 다양한 기준으로 이를 분류했습니다. 특히 도나우에싱엔 역사의 '최고'만을 모은 포푸리라기보다는, 개별 요소들이 섬세하게 연결된 지점에 더 관심을 두었죠. 구조와 미묘한 관계들에 주목한 것입니다. 사운드 자체는 더 이상 그 소리의 출처가 된 개별 작품에 할당할 수는 없었습니다. 그래야만 문맥적 연관성 보다 특정 사운드 특성에 초점을 맞춘 동등한 연결점의 네트워크가 만들어지기 때문이죠. 또한 다양한 분류 방식으로 84개의 곡을 5개의 그룹으로 나눌 수 있었으며, 각 그룹은 원본 자료의 다른 측면이 조명되도록 시도했습니다. 많은 개별 파트들은 곧 48시간의 전체를 이루었고, 이는 전반적인 기본 구조를 만들었죠. 사실 48시간의 곡 전체를 들을 수 있는 청취자는 아무도 없을 것이기에, 이를 가정할 수 있는 연결망을 만드는 것이 가능했다고 봅니다. 그리고 여기서 다시 한 번 일시적인 측면이 드러납니다. 48시간이라는 분량의 완성된 이 곡은 주말 도나우에싱엔에서 딱 한 번 들을 수 있었으며, 음악제가 끝난 후에는 이 전체 곡을 다시는 들을 수 없기 때문입니다. 하지만 그 이후, SWF 방송국과 다른 라디오 방송국에서 그 곡의 파트 일부가 방송되기도 했으며, 몇몇 곡들은 CD로 발매되었습니다. 하지만 전체 곡으로서의 청취는 오랫동안 불가능했죠. 몇 년이 지난 후에야 휴지(休止) 없는 48시간의 전체 곡이 스피커 콘서트 형태의 단독 공연이 진행되었습니다. 이 부분에 대해 제가 이야기하는 이유는, 라디오가 다른 형태의 공연과 무엇이 다른지가 다시 한번 분명해졌기 때문입니다. 1-2시간마다 오픈 릴 테이프를 교체해야 하는 48시간의 연속 콘서트는 엄청난 체력 소모를 의미하죠. 언제 자야 하는지, 언제 식사해야 하는지. 물론 관객들도 이와 같은 질문을 했습니다. 그들만의 공간에서 연주를 듣는 것이 아니었기에, 부엌에 가서 먹을 것을 가져올 수도 없었고, 잠자리에 누워 계속 들을 수도 없는 상황인 것입니다. 이런 형식의 첫 번째 행사는 1995년 다름슈타트 공과대학교(Technische Hochschule Darmstadt. 현 Technische Universität Darmstadt) 건축학부 건물에서 진행되었습니다. 학생들이 직접 행사를 기획했는데요, 수면 시설을 마련하고 24시간의 학생 식당 및 매점을 운영하였습니다. 그렇기에 이는 이상적인 조건이었으나, 공연의 친밀감은 사라졌죠. 모든 소리는 대학 건물의 웅장한 계단에서 울렸습니다. 이곳에서 또한 제가 모든 오픈 릴 테이프를 직접 교체했기에, 저를 제외하고는 누구도 48시간 동안의 전체곡을 듣지 못했죠. 또한 한 사람이라도 있었다 해도, 그 시간 동안의 개별 파트 간 관계성과 통합성을 인지할 수는 없었을 것입니다.[2]

슈 - 그렇다면 왜 이 모든 수고가 필요할까요? 83개의 분리된 개별적 파트들을 원하는 대로 하나로 연결하면 안될까요?

구조와 특정 장소성 및 상황 관계성은 저의 많은 작품들에서

---

[2] 프란츠 마틴 올브리쉬(Franz Martin Olbrisch)의 "FM o99,5" 곡은 인터넷 fmo995.olbrisch.eu에서 청취 가능하다.

결정적인 역할을 합니다. 그 이면에는 항상 다른 형태의 여러 작품에서 나타나는 아이디어, 즉 지각의 능동적 부분으로써의 청취자/관객에 대한 조건부가 따라옵니다. 음악을 듣는 다는 것은 방금 들은 것과 이전 사건들 사이에서 연결성이 매번 만들어진다는 것을 의미하기도 하죠. 청취자로서 우리는 우연성을 배제하고, 패턴을 인지하며, 구조를 파악하여 필요성이나 타당성을 느끼기 위해 끊임없이 노력합니다. 그러나 이러한 구조와 패턴이 감각의 인지 가능성에서 벗어나려 한다면, 우리에게 두 가지의 선택지만 남게 됩니다: 총체를 임의적인 것 - 혼돈으로 간주하거나, 우리 자신의 지각을 통한 구조의 생성을 가능하게 하는 것이 바로 우리 자신이라는 것을 인지하는 것이죠. 이 두 번째의 경우, 우리는 우리 자신을 가리키는 것이며, 우리가 세상에서 경험한 모든 것이 자의적인 것이 아닌 우연적인 것이며 다른 관점과 다른 가능성 또한 존재한다는 것을 인식할 수 있어야 하는 것을 말합니다. 그리고 이는 예술에 대한 인지뿐만 아니라 예술 자체에도 적용되죠. 우연성은 해석의 전제 조건이며, 악기 연주자, 가수, 또는 감상자/관객 스스로에 의해 이뤄질 수 있는데요. 그러나 이 우연성은 해석을 위해 특정 부분이 불분명하게 남아 있어야 한다거나 / 모든 악보에서 불가피한 것처럼 그것이 공식화되지 않거나 / 또는 고정된 미디어나 방송과 같이 구체적 형식의 공연의 경우, 공연 내 과도한 정보가 해석의 접근에 큰 어려움을 겪게 되는 것을 의미합니다. 그렇기에 이러한 질문은 제 작품의 많은 부분에서 중요한 역할을 한다 할 수 있죠.

오 - 이러한 질문이 2021년 쿨투어팔라스트 드레스덴 (Kulturpalast Dresden)에서 구현한 사운드 설치물 "Distanz"(간격)에도 영향을 미쳤나요?

"Distanz"(간격)은 특별한 상황의 반영에서 만들어진 것입니다. 전 세계적인 코로나19 팬데믹으로 인해 독일에서는 밀폐된 공간에서의 모든 공개 콘서트가 금지되었죠. 쿨투어팔라스트 드레스덴(Kulturpalast Dresden)에 콘서트 홀이 있는 드레스덴 필하모닉 오케스트라도 이를 피해가진 못했었고요. 오케스트라 자체는 계속해서 돈을 받고 제한된 형태로 CD와 라디오 제작물을 녹음할 수 있었지만, 공연장은 관객을 위해 침묵을 지켜야만 했죠. 이에 필하모니 단장은 이 팔라스트-궁전에선 여전히 소리가 들려온다라는 일종의 증거로써 쿨투어팔라스트 드레스덴의 외부에 사운드 설치물 제작을 의뢰했습니다. 이러한 초기 아이디어가 완성되어 갈 때 즈음 다시 공개 콘서트가 재개되기도 했습니다. 작품을 이해하기 위해 그 장소의 지형에 대해 어느 정도 숙지를 해야 하기도 하는데요. 쿨투어팔라스트는 1960년대 후반 동독(DDR-Deutsche Demokratische Republik) 시기에 지어진 건물입니다. 또한 이 건물은 드레스덴의 크로이츠 교회(Kreuzkirche), 알트마크트 광장(Altmarkt), 성 프라우엔 교회(Frauenkirche) 사이 드레스덴 바로크 양식의 구시가지 중심에 자리 잡고 있어, 거의 모든 드레스덴 시민이 매일 지나치는 곳이자, 관광객이 꼭 들려야 하는 장소이기도 합니다. 하나의 접점 지역이였죠. 다른 하나는 150년의 역사를 가진 필하모니 오케스트라였습니다. "FM 099.5"와 마찬가지로 "Distanz"(간격)에서 또한 디스크나 CD 녹음 또는 라디오 녹음이 담긴 이 오케스트라의 방대한 음원 자료를 활용했습니다. 그러나 "FM 099.5"와는 달리, 이러한 음원 추출 자료를 인지할 수 없을 정도의 축약은 하지 않으면서, 단편적으로 인식할 수 있도록 하여 기존의 아우라를 유지하도록 해야 했죠. 또한 이와 같은 부분적 재인식 가능성은 전체 컨셉의 기본 전제 조건이기도 했고요.

작곡가 로베르트 슈만(Robert Schumann, 1810-1856)과 펠릭스 멘델스존 바르톨디(Felix Mendelssohn Bartholdy, 1809-1847)가 사망한 후인 1871년, 드레스덴 필하모닉 오케스트라가 창단되었습니다. 당시 유행하던 헥터 베를리오즈(Héctor Berlioz, 1803-1869), 프란츠 리스트(Franz Liszt, 1811-1886), 리하르트 바그너(Richard Wagner, 1813-1883) 등의 표제 음악에 대한 반발로 요하네스 브람스(Johannes Brahms, 1833-1897)와 안톤 브루크너(Anton Bruckner, 1824-1896)가 중심이 되어 또 다른 단계인 절대 음악이 막 시작되고 있었죠. 절대 음악과 표제 음악 옹호자들 간의 치열한 논쟁은 당시 클래식 음악계의 미학적 담론 전체를 결정지었을 정도였습니다. 그리고 이 점이 제 컨셉의 출발점 중 하나가 되었고요. 15분과 53분 사이 각각 서로 다른 길이와 다양한 8개의 사운드 트랙을 개발하였고, 이는 쿨투어팔라스트 드레스덴(Kulturpalast Dresden) 외부에 있는 8개의 스피커를 통해 반복적으로 들을 수 있었습니다. 각각의 스피커들 사이의 거리는 최대 두 개의 사운드 트랙을 동시에 들을 수 있을 정도록 두었고요. 각기 다른 사운드 트랙의 길이로 인해 서로가 동기화되지는 않았습니다. 그날의 시간과 위치에 따라 트랙들의 서로 다른 혼합들이 이루어졌고, 도심의 일상 소음과도 겹쳐졌죠. 개별적 사운드 트랙에는 특정 주제를 담았고요. 정문의 왼쪽과 오른쪽에서는 미학적 대립 세력들, 즉 절대 음악(반복 시간 약 43분)과 표제 음악(반복 시간 약 53분) 분야의 음악적 소스를 들을 수 있었죠. 표제 음악 이후 프라우엔 교회 방향 오른쪽으로 무대 음악(반복 시간 약 19분), 세속 성악(반복 시간 약 15분), 종교 성악(반복 시간 약 23분)의 사운드 트랙별 시리즈가 이어졌고요. 성 방향의 왼쪽으로는 기악 협주곡(반복 시간 약 29분), 피아노 협주곡(반복 시간 약 34분), 디베르티멘토(희유곡), 세레나데 등의 클래식 경음악(반복 시간 약 17분) 트랙이 절대 음악에 이어 흘러나왔습니다. 그렇기에 이 사운드 재료들은 한편으로는 드레스덴 필하모닉 오케스트라의 풍부한 레퍼토리이자, 다른 한편으로는 19세기 중반 이후 클래식 문화계가 스스로 차별화해 온 상황과 인식의 패턴을 보여주는 것이죠.

슈 - 스피커, 녹음, 재생 기술, 소프트웨어, 하드웨어. 이와 같은 기술은 사운드 아트에서 핵심적인 역할을 합니

다. 스피커의 모양, 앰프 등 공산품의 디자인, 패키징도 여기서 중요한 역할을 하나요?

순수한 콘서트 맥락에서 이러한 패키징과 디자인은 점점 더 중요한 역할을 하는데요, 여기서 저는 경음악의 정교한 무대 쇼뿐만 아니라 클래식 콘서트에서 오케스트라 연주자와 솔리스트가 등장하는 부분까지도 포함된다고 봅니다. 이 외에도 클랑쿤스트(Klangkunst)에서 시각적 수준은 항상 중요한 역할을 하며 항상 고려해야 할 사항에 속한다고 생각하고요. 클랑쿤스트에서 작품을 시각적으로 특징짓는 요소가 있다면, 이의 모든 시각적 요소들은 의미를 갖게 되고요. 스피커뿐만 아니라, 나머지 기술적 요소, 전기 및 오디오 케이블 등에도 이것이 적용됩니다. 독일에 거주하는 캐나다 사운드 아티스트 로빈 미나드(Robin Minard, *1953)의 작품에서 스피커와 케이블이 작품의 본질인 것처럼 보이는 경우가 많죠. 음향 측면에서도 마찬가지입니다. 저의 사운드 설치 "Distanz"(간격)에서도 우연적인 외부의 소음 또한 한 컨셉 내 모든 음향적 사건들로 포함시켜야 하죠. 예를 들어 빔 프로젝터의 경우 큰 문제를 일으킬 수 있는데요. 사실 공간 내 눈에 띄는 크기와 요소로 인해 보기에는 꽤나 좋지 않은 점을 지니고 있으며, 과열될 수도 있기에 상자에 숨길 수 없는 조건을 가집니다. 예산으로 사양에 좋지 않은 기기를 쓰게 된다면 큰 소음이 발생하고요. 다름슈타트 쿤스트할레에서 전시한 "Schichtwechsel – temps et mouvement"(시프트 체인지 – 시간과 무브먼트)의 경우처럼 이런 문제를 최대한 피하기 위해 빔 프로젝터를 가 천장에 설치할 수 있는 기회 또한 거의 없다고 봐야 하죠.

하지만 그렇다고 하여 모든 것이 항상 멋지고 예뻐 보여야 한다는 것은 아닙니다. 이는 단순히 작품의 일부가 되고 상황이나 컨셉에 따라 의도적으로 처리해야 한다는 것을 말하죠. 또한 제작 과정을 보여주기 위해 고의적 자극이나 혼란을 대입할 수도 있는 거고요. 프랭크 자파(Frank Zappa, 1940-1993)의 LP 『From Roxy & Elsewhere』에 수록된 노래 "Cheepnis"에는 값싼 공포 영화에 대한 매혹에 대해 이야기하는 멋진 구절이 있습니다.

"… now, this particular scene, folks, they ah, they didn't want to re-take it 'cause it must have been so good they wanted to keep it, but … when the monster came out of the cave, just over on the left-hand side of the screen you can see about this pushing it out … and then, obviously off camera, somebody is going "No! Get it back!" … and they drag it back just a little bit as the guy is going KRCH! KRCH! …"

(자, 이 장면은요, 여러분, 그들이 다시 찍기를 원하지 않았나 봐요. 너무 잘 나와서 그대로 사용하기로 했던 것 같아요. 그런데... 괴물이 동굴에서 나올 때, 화면 왼쪽에서 누군가가 괴물을 밀어내는 모습을 볼 수 있죠... 그리고 화면 밖에서 누군가가 '안 돼! 다시 집어

넣어!'라고 말하는 게 분명 들려요... 그러고 난 뒤 그를 살짝 뒤로 끌어당기며, 'KRCH! KRCH!' 소리 내네요.)

이러한 묘사는 당연히 놀랍죠. 이와 같이 연출하는 더 좋은 방법은 없을 테고요. 그럼요, 디자인에는 당연히 결함, 실수, 혼란, 성가신 감정 유발의 의도도 모두 포함됩니다. 그러나 이 예는 그리고 이 실수는 감상자가 의식적으로 인지하고 있으므로 아티스트의 책임이라고 가정해야 함을 보여주기도 하죠.

슈 - 그러나 현재까지 클랑쿤스트(Klangkunst) 작품의 대부분은 아름답고 가시적인 부분이 다소 현대적 디자인의 일반적 이미지와 일치하는 경우가 많습니다. 작품이 거칠고, 투박하며, 터프하고, 날카로운 경우는 거의 없죠. 또한 일반적으로 사운드와 사운드의 편집에서도 이점이 적용되고요. 모든 것이 예쁘고, 아름다워야 하며, 매력적으로 보여야만 하는 것 같죠. 그렇기에 매우 무해해 보입니다. 왜 이런 현상이 나타나게 된 걸까요?

거칠고, 투박하며, 터프한 것은 예술에서 가능한 많은 포지션들 중 하나이며 확실히 정당화될 수는 있습니다. 하지만 제게는 항상 사춘기 반항적인 요소가 있으며, 모방 가능한 자기 극화/연극성의 제스처가 되지 않으려면 이러한 제스처를 유지해야 한다고 생각합니다. 독일의 표현주의 화가 조르지 그로스(*George Grosz, 1893-1959*)는 추악한 것은 그의 그림이 아니라 그가 그림을 그린 세상이 추악한 것이다라고 말한 적이 있죠. 그러나 이러한 측면에서만 그의 그림을 보자면, 이는 마치 역사 영화를 보는 것 같으나, 구경꾼으로서 직접적으로 다루지는 않습니다. 그러므로 이와 같은 피상적인 접근 방식에서 벗어나, 그림의 회화적 특성, 색채 구성, 형식적 구조 등을 살펴보면 그로스가 언뜻 보기에도 아름다운 그림을 그린 환상적인 화가였다는 것을 알 수 있죠. 이 아름다움은 시대를 초월하며, 오늘날에도 여전히 우리에게 말을 건네고요. 헬무트 라헨만(Helmut Lachenmann)의 초기 작곡들 또한 이와 비슷한 점을 가지는데요. 예를 들어, 당시의 현악 사중주 그랜드 토르소와 같은 작품들은 거부의 제스처로 받아들여졌고, 그 자신이 전적으로 기여한 태도는 무질서/무례한 것으로 인식되었습니다. 오늘날이 작품들에 대해 라헨만이 직접 이야기할 때는, 항상 표면적으로 들었을 때만 추악하고 무질서한 것으로 인식되는 이 소리의 아름다움을 강조합니다. 그리고 오늘날 많은 젊은 작곡가들이 이러한 소리성에 대한 성찰 없이 되돌아갈 때, 그 소리들은 모방 가능한 제스처로, 그리고 라헨만이 표현한 방식인 '관광 개발'로 변질되죠. 그렇게 되면 조르지 그로스의 작품에서와 같은 어떠한 참조조차도 없이 그 소리들은 정말 흉물스러워지는 것이 되는 겁니다. 우리가 살고 있는 세상은 그로스의 시대와 마찬가지로 여전히 추악합니다. 그러나 거칠고 투박한 작품으로 이에 반응하는 것은 저에게는 뭔가 먼지가 많은 것과 같게 느껴지죠. 오늘날 우리는 이 세상이 단순한 선동으로 설명될 수 있는 것보다 훨씬 더 복잡하다는 것을 알고 있습니다. 연출된 우악스러움은 항상 무언가 유식스러움을 지니고 있을 것이며, 이는 예술에서 연출된 것 외에 다른 것이 될 수는 없습니다. 작가는 자신을 옳은 편에 세워 폐해를 손가락으로 가리키는 사람으로 설정합니다. 사실 이런 모델은 저에겐 너무 단순하게 다가오는데요. 예술가가 자신을 불공평한 폐해들의 일부로 여길 때만 감상자와 동등한 입장에서 소통할 수 있으며, 더 잘 아는 사람으로서 소통할 수 있죠. 실제 예술적 경험은 감상자의 마음 속에서 일어나는 것입니다.

앞서 제 작업인 "Dennoch lauert im Gesang der Vögel das Schreckliche"(그럼에도 불구하고 새들의 노래에는 공포가 숨어있다)에 관해 설명했는데요. 이 제목은 독일 철학자이자 음악 작사가인 테오도르 W. 아도르노(Theodor W. Adorno, 1903-1969)의 저서 『Ästhetische Theorie』(미학 이론)에서 따온 것입니다. 젊은 시절, 음악을 작곡하기도 했던 그는 그 책에 이렇게 썼죠.

"새의 노래는 누구에게나 아름답다. 유럽 전통에서 자란 감수성 많은 이라면, 비가 온 뒤 까마귀 소리에 감동하지 않을 이 없을 것이다. 그러나 그것은 노래가 아닌 새를 사로잡는 주문에 복종하는 것이기에, 그럼에도 불구하고 새의 노래에는 공포가 숨어있다."[3]

진정으로 흉물스러운 것은 표면에 드러나지 않습니다.

겉모습만 있을 뿐이죠. 이는 많은 예술 작품들이 반복적으로 불러일으키는 병적인 것에 대한 매혹으로 드러납니다. 진정으로 추한 것은 우리의 생각 속에서 떠오르거나 프랭크 자파(Frank Zappa, 1940-1993)의 말과 같은 것이죠.

"몸에서 가장 추한 부위는 어디인가요? 어떤 사람은 코, 어떤 사람은 발가락, (난 당신의 마음이라 생각해요) 하지만 저는 당신의 마음이라 생각해요"

오 - 작곡가님의 작업에 지속적이거나 뚜렷한 영향을 준 아티스트나 사운드 아티스트가 있을까요?

저에게 영감을 준 아티스트와 작품은 사실 정말 많다고 생각합니다. 그들이 저에게 직접적인 영향을 미쳤을 것이라 말하기는 어렵지만, 무의식적으로 영향을 받지 않았을까 싶어요. 하지만 제 작품 대부분은 사운드 아트라고 분류하기 어려운 영역에 속합니다. 하지만 궁극적으로 제가 관심을 갖는 것은 아티스트나 작곡가가 아닌, 개별 작품들이라고 말하고 싶네요.

슈 - 아직 실현하지 못한 사운드 아트 작업의 아이디어가 있을까요?

이 분야에서 제가 하고 싶은 일이 있다면 2014년 "rods and strings"(막대와 현)으로 시작한 길을 계속 탐구해 나가고 싶은 것입니다. 이 작품은 각각의 사운드 오브제가 급작스럽게 오디오 비주얼 환경으로 변환하며, 협주곡과 같은 음악 극장 섹

③　　　주어캄프 출판사(Suhrkamp Verlag, 프랑크푸르트 암 마인 Frankfurt am Main) 1970, 104쪽.

션을 포함한 하이브리드적이고 여러 빛깔로 변화하는 형태에 관한 것입니다. 그리고 모든 것이 끊임없이 흐름의 변화가 일어나며 하나의 체험 공간을 형성하기 위해 결합되고요.

션을 포함한 하이브리드적이고 여러 빛깔로 변화하는 형태에 관한 것입니다. 그리고 모든 것이 끊임없이 흐름의 변화가 일어나며 하나의 체험 공간을 형성하기 위해 결합되고요.

5
클랑쿤스트(Klangkunst),
그것은 개척해야 할 분야입니다.

헬가 드 라 모테-하버

헬가 드 라 모테-하버 / Helga de la Motte-Haber

1938년 독일 루드빅스하펜 암 라인(Ludwigshafen am Rhein) 출생으로 1957년부터 1961년까지 독일 마인츠와 오스트리아 비엔나에서 심리학(Diplom)을 공부했다. 그 후 독일 함부르크에서 학업을 이어갔으며, 1968년부터 1972년까지 베를린 국립공과대학교(Technische Universität Berlin)에 출강했다. (1971년 교수자격 Habilitation 취득) 1972년에 쾰른 교육대학교(Pädagogische Hochschule Köln)의 교수직을 시작으로, 1978년부터 2005년까지 베를린 국립공과대학교(Technische Universität Berlin)의 시스템 음악학 교수로 역임하였다. 1982년에는 독일 음악심리학회(Deutsche Gesellschaft für Musikpsychologie)를 공동으로 설립했다. 2015년에는 독일 하노버 국립 음악, 연극 및 미디어 대학(Hochschule für Musik, Theater und Medien Hannover)에서 명예박사학위를 수여받았다. 베를린에 거주하는 헬가 드 라 모테-하버는 1980년부터 사운드 아트 연구에 전념해 왔으며, 이 주제에 관한 수많은 학술 출판물을 집필하고 편집했다.

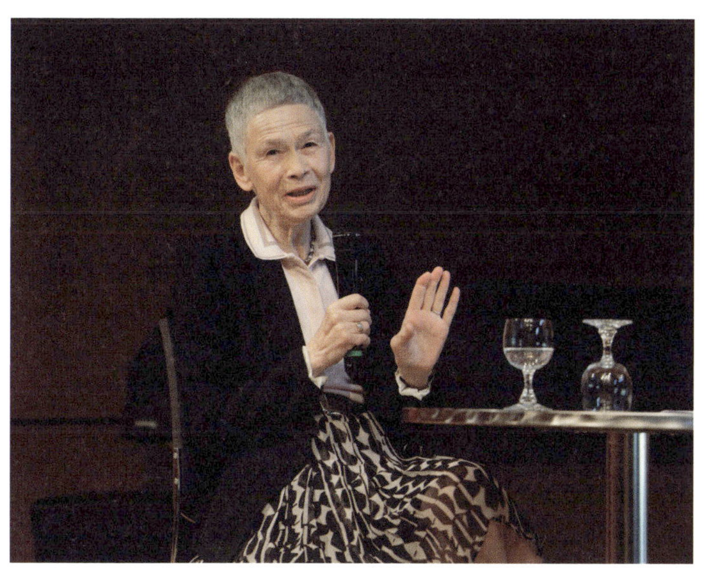

슈 - 클랑쿤스트(Klangkunst)를 처음 접했을 때를 기억하시나요?

갑자기 저에게 한 부분은 조형 예술, 나머지 한 부분은 음악이라는 환경 사이의 중재 기회가 찾아왔었고, 사실 그렇게 시작하게 되었죠. 비록 역사적으로는 잊혀졌지만, 1972년 함부르크에서 열린 〈Die Verfransung der Künste〉(예술의 혼합) 페스티벌이 제 호기심을 자극했었습니다. 특히 중요했던 건 1980년대 초 서베를린에서 르네 블록(René Block, *1942)과 우르술라 블록(Ursula Block, *1938)과의 만남이었고, 베를린 공대에서 무언가를 하고자 했던, 실제로 그것을 실행했던 필립 코너(Philip Corner, *1933)와 얼 브라운(Earle Brown, 1926-2002),

헬가 드 라 모테-하버(Helga de la Motte-Haber), 심포지엄 〈Exhibiting Sound Art〉에서, 마인츠 요하네스 구텐베르크 국립대학교 음악대학 콘서트홀, 2019.

사진: Martina Pipprich

빌 폰타나(Bill Fontana, *1947), 톰 존슨(Tom Johnson, 1939-2024)과 같은 예술가와의 만남이 컸습니다.

슈 - 경계를 넘나드는 예술에 매료된 이유는 무엇인가요?
그 아이디어에 매료되었습니다. 저는 항상 이상적인 개념이 중요한 역할을 하는 예술에 관심이 있었죠. 그러한 예술가들의 아이디어에 사로잡혔던 겁니다. 이론적 사고를 가진 사람처럼 "여기에는 물질적 경계의 교차가 존재한다."라고 가정하진 않았습니다. 그런 생각은 전혀 하지 않았죠. 그저 그 뒤에 숨겨진 아이디어를 알고 싶었을 뿐입니다. 동시에 그것은 저의 첫 전공이었던 심리학과도 일치했죠. 다른 사람의 생각을 이해하는 것, 이 경우에 그것은 예술가의 아이디어였던 겁니다.

슈 - "클랑쿤스트(Klangkunst)는 특별히 대중적인 언어가 아니다"라는 문장은 학자님의 말에서 시작되었습니다.
우리가 플럭서스(Fluxus)와 해프닝(Happening)의 전통을 고수해야 한다고 생각한 지는 얼마 되지 않았을 것입니다. 그리고 저는 역사적으로 새로운 상황도 실제로는 새로운 것으로 간주되어야 한다고 생각했고요. 물론 기원은 중요하고 결코 간과되어선 안되지만, 1960~70년대의 공연 문화 또한 여기서는 큰 역할을 하죠. 그러나 사람들은 새로운 것에는 새로운 이름을 붙여야 한다고 생각했습니다. 그래서 '클랑쿤스트'(Klangkunst)이라는 단어가 생겨났고, 일부 사람들은 이를 다소 과장된 표현이라고 생각하기도 합니다. 그러나 '클랑쿤스트'라는 단어는 단순히 '시각 예술'(visual art)과 함께 하는 '사운드 아트'(sound art)를 의미하는 것이 아닙니다. 이 용어에는 조금 더 많은 의미가 있으며 역사뿐만이 아닌, 더 광범위한 사고에서 조명해야 할 무언가가 포함되어 있죠. 1996년 베를린에서 열린 〈Sonambiente-Festival〉(손암비엔테 페스티벌)에서는 '클랑쿤스트' 용어가 새로운 예술 장르를 예고하는 것이 아닌지에 대한 매우 긴 토론이 진행된 바 있습니다. 그리고 이제 클랑쿤스트는 매우 넓은 영역에 걸쳐 있는 하나의 장르로 불려진다고 저는 생각합니다.

슈 - 그렇다면 클랑쿤스트(Klangkunst)에 대한 정의를 내리고 싶은가요?

다른 모든 개념들처럼 여기에서 또한 가능한 한 부정적으로 한 정의를 시작하고 싶네요. 이미 내재되어 있는 자율적인 과정 같은 것이 클랑쿤스트(Klangkunst)에 포섭됨을 의미합니다. 여기서 그 과정은 한 걸음 더 나아갔고, 아티스트들은 재료에 있어서 자유로워졌죠. 그들의 자율성을 스스로 선언했을때만 해도 재료와의 유대감만큼은 그대로 유지되었습니다. 그것은 그들의 정당성이었죠. "당신은 이렇게 해야 한다."라고 말하며 그림을 주문을 하는 왕과 교회는 더 이상 없지요. 예술가들은 "나는 물감과 붓밖에 없는 화가일 뿐"이라거나, "나는 소리에만 전념하는 음악가일 뿐"이라고 반박했어요. 이

것이 바로 자율적 예술 사상의 출발점이었고, 사실상 예술가의 자유에 대한 선언이었습니다. 다른 모든 것은 나중에 온 것이죠. 그러다 더 나아가 이렇게 말합니다. "나 또한 재료에 얽매일 필요가 없잖아? 나는 더 자유로울 수 있어." 이렇게 갑자기 '고귀한' 용어인 '수용자(需用者)의 자유'라는 개념이 떠오르죠. 이는 일종의 예술적 대기(大氣)에서 자신을 발견한 후, 스스로 선택권을 갖는 형태를 말합니다. 저에게 있어 이러한 예술의 점진적 자율화는 이미 클랑쿤스트의 기준이 됩니다. 그 이유는 이러한 과정을 가장 명확히 보여주었고, 전통적인 기존 예술의 경우보다 더 많은 조건을 남겨두었기 때문입니다. 사운드 아트의 정의에 포함되는 또 다른 기준은 인간의 지각 형태에 대한 탐구입니다. 시간 및 공간 관념의 형성에 대한 질문은 예술가들 사이에서도 오랫동안 광범위하게 논의되어 온 주제이기도 합니다. 최근에 저는 19세기 시간 및 공간 관점의 변화와 함께 떠오른 순간성/일시성이 클랑쿤스트에서 어느 정도까지 강조되고 있는지에 대해 생각해 보기도 했습니다. 이 개념은 시인 하인리히 하이네(Heinrich Heine, 1797-1856)가 처음으로 정립했죠. 예술은 더 이상 공간에 완전히 고정되지 않고 오히려 시간의 덧없음을 전유하는 것일 수도 있습니다. 비록 이 부분이 음악가를 특별히 겁준다고 할 순 없으나, 제게는 그 또한 사운드 아트의 중요한 기준으로 보여집니다. 결국 모든 음악 공연은 언젠간 끝나게 마련이고, 결코 악보만으로는 이전의 공연과 동일하게 구현될 순 없으니까요. 스토리지 기술이 완전히 새로운 예술적 형태를 만들어내고 있기 때문에 관념적인 측면에서 더 발전해야 할 부분이라고 봅니다. 문서와 살아있는 예술 작품 사이의 그 오래된 구분, 즉 철학자 발터 벤야민(Walter Benjamin, 1892-1940)의 구별법을 오늘날에는 적용할 수 없다고 생각합니다. 다른 개발 형태를 공개한 후에 이론적으로 생각해 들어가죠. 하지만 사운드 아트는 찢어내는 '에페메라이드'(éphéméride) 달력처럼 어느 시점에 존재했다가 더 이상 설치되어 있지 않습니다. 영구적으로 설치되는 경우는 매우 드물고, 기술적 조건으로 인해 수명이 다하는 순간도 찾아옵니다.

슈 – 클랑쿤스트(Klangkunst)의 특징으로 사회적 장치와 일시성의 미학적 범주를 꼽은 것이 다소 놀랍습니다. 처음에 저는 예술 작품의 외피에 더 중점을 둔 정의를 기대했거든요.

그건 이미 너무 뻔하잖습니까. (웃음). 네, 클랑쿤스트(Klang-kunst)는 예술들 사이, 특히 음악과 조형 예술 사이에 있죠. 이것은 개척해야 할 새로운 분야입니다. 언어와 음악의 연결은 한 세기 이상 전통에 의해 정당화되어 왔죠. 그리고 이 새로운 분야에서는 시각과 청각을 통합하는 지각 상황을 만들기 위해 많은 새로운 형태가 발견되었습니다. 하지만 항상 시각적 요소가 있을 필요는 없죠. 바실리 칸딘스키(Wassily Kandinsky, 1866-1944)가 이미 생각했던 것처럼 순전히 시각적인 것을 소리로 채워진 형태로 이해하는 예술가들도 있고요. 두 감각 기관이 항상 외부 자극에 의해 작용할 필요는 없지만, 청각적인 것이 동시에 시각적 성격을 가질 수는 있는 것이죠. 사운드 바디 작업을 시도한 에드가르드 바레스(Edgard Varèse, 1883-1965)의 음악에서도 마찬가지입니다. 피에르 셰퍼(Pierre Schaeffer, 1910-1995)의 "objets sonore"(사운드 오브제) 곡에서도 이를 찾아볼 수 있죠. 감상자의 추가적인 음향적 해석을 요하는 시각적 요소도 있으며, 이때 오랜 전통 또한 고려되어야 하죠. 물론 두 가지 모두 존재할 수 있습니다. 때로는 공간을 축소하고 간단한 수단으로 여러 공간들이 표현되기도 합니다. 공간은 시간과 마찬가지로 눈과 귀를 통한 상호감각적 지각이기에 이러한 클랑쿤스트는 감각 간의 작용이 매우 두드러지죠. 이처럼 사운드 아트는 거창하게 말하자면 추상적 영역에서도 매우 훌륭한 인지적 기능이 발휘하는 예술입니다.

188

> **슈** - 이미 언급했듯이 클랑쿤스트(Klangkunst)는 다양한 작업 콘셉트를 한데 모으는 분야입니다. 일부 흐름을 체계화할 수 있나요?

중견/시니어 작가들의 경우, 그들의 출발점이 중요한 역할을 하며, 그 지점에서 아이디어를 가져와 변형시키며 발전한 과정을 발견할 수 있습니다. 이에 전형적인 원형은 베른하르트 라이트너(Bernhard Leitner, *1938)이죠. 건축가이면서도 역사적으로 건축 이론을 점령해 왔던 공간에 대한 역동적인 개념을 실현한 오늘날의 유일한 '건축가'이기도 하죠. 건축의 모든 음악적 은유에도 불구하고 공간은 항상 빈 껍데기로 남아있었습니다. 여기서 저는 기존 직업에 대한 불편한 아쉬움이 새로운 예술 형식으로 이끌었다고 생각합니다. 예를 들어 롤프 율리우스(Rolf Julius, 1939-2011)와 같은 작가의 경우, 조형 예술의 한 측면에서 영감을 받았음을 오늘날까지도 명확히 알 수 있죠. 물론 그가 소리를 내는 색 안료로 작업한다는 것을 보면 분명한 사실입니다. 색에 소리 성질을 가진다고 생각했던 그는, 저에겐 물감을 캔버스 위로 옮기는 것 이상의 작업을 하고 싶었던 '화가'이죠. 일상생활에서도 우리는 "저건 비명을 지르는 색이야"라고 말하기도 하죠. 우리는 색을 묘사하기 위해 청각적 등가물을 쓰려합니다.

슈 - 파괴적인 정치적 함의와 더불어 사운드 아트의 역사적 전조였던 플럭서스의 중요한 요소는 유희(amusement)라고 할 수 있는데요.

그렇습니다. 예를 들어 조르지 브레히트(George Brecht, 1926-2008)가 벨벳 소재의 붉은색 안락의자만 놓여있는 무대에 올라, 그 위에 꽃다발만 올려놓은 후 다시 자리를 떠나죠. 이것은 굉장히 전형적인 플럭서스– 예술의 행위라 하겠는데요. 여기서 관객은 끝없는 긴장감을 느끼며 "도대체 무슨 일이 일어나고 있는 거야"라고 스스로에게 되묻습니다. 그런 후

소위 엔딩으로 막을 내리죠. 그렇기에 저는, 이를 예술계의 비판이 내포된 진지함으로 고려해 볼 수도 있겠지만 다른 한 편으로는 자유로운 미소를 지어도 된다고 생각합니다.

　　　　슈 - 그러면 플럭서스와 그 주변으로 뻗어나가는 사이드 웨이/나뭇가지에 머물러 봅시다. "조형물을 보기 전, 우리는 그것을 듣는다" - 이는 요셉 보이스(Joseph Beuys, 1921-1986)가 클랑쿤스트(Klangkunst)를 내다본 소선언문(mini manifest)과 같은 것인데요. 사운드 아트 관련 책들에 이 언급이 거의 존재하지 않는 점이 놀랍기도 합니다.

1980년대와 1990년대 초반, 요셉 보이스(Joseph Beuys)는 매번 레퍼런스로 등장했다가 그 반영이 더 이상 이뤄지지 않았습니다. 그의 작품에 담긴 종교적 함의로 인해 이해하기 어려운 예술가로 판명되어 왔죠. 그렇기에 이에 우선 거리를 두고 지켜보며, 그와 함께 작업한 헤닝 크리스티안센(Henning Christiansen, 1932-2008)이나 존 케이지(John Cage, 1912-1992)의 작업들로 논하는 것이 더 선호되었기 때문이라고 할 수 있습니다. 요셉 보이스가 만든 것들은 차츰 더 쉽게 해석되고 있습니다. 그 밖에도, 당시에는 매우 중요했지만 현재는 많이 알려지지 않은 또 다른 예술가, 로버트 모리스(Robert Morris, *1961)가 있습니다. 사운드 박스를 최초로 만든 아티스트이죠. 그가 가끔 언급되기도 하지만, 제가 아는 한 심플한 나무 상자에 작동되는 소음(Arbeitsgeräusche)을 설치했다는 것에 대해서는 더 이상 고려되지 않고 있습니다. 이론적 논의는 그 자체를 중심으로 돌고 돌 수 있죠. 누군가가 원을 두르며 달팽이 모양의 페이스트리를 만들기까지, 어느 정도의 시간은 걸리는 겁니다. 이제는, 사운드 아트의 서적들이 균형을 이루지 못했다고도 말해야 합니다. 조형 예술과 음악의 중간 영역에서 나타나는 현상을 동등하게 보지 않고, 이론적으로 음악에 지나치게 치우쳐 있지요. 그렇기에 요셉 보이스가 아닌 존 케이지가 참조점/기준점으로 선호하게 된 것입니다.

슈 - 지금까지 미술 이론에 사운드 아트를 거의 다루지 않은 현상은 어떻게 설명할 수 있을까요?

이건 매우 개인적인 의견인데요, 미술 시장은 어딘가에 자신의 글을 게재해야만 하는 이론가들을 포함해, 음악 분야보다 훨씬 더 엄격한 조건을 부과한다고 생각합니다. 하지만 음악은 200년 이상 전예술 분야의 선구자 역할을 해왔다는 점은 분명하죠. 그러나 오늘날 우리는 이를 더 이상 음악 분야에서 논하는 것이 아닌 확장된 개념인 클랑쿤스트(Klangkunst)를 말하는 것입니다. 음악 공연 영역에 속하는 많은 것들 또한 이의 한 형식으로 설명될 수 있습니다. 낭만주의 화가 카스파 다비드 프리드리히(Caspar David Friedrich, 1774-1840) 조차도 그라이프스발트(Greifswald) 도시의 실루엣이 아닌, 음악을 그려야 한다고 생각했죠. 칸딘스키를 중심으로 한 초기 아방가르드 운동은 항상 사물의 소리를 포착해야 한다는 개념이 깔

려있고요. 그렇기에 이를 요약하자면, 음악의 발전은 항상 더 빠르게 이루어졌으며, 다른 예술은 그 뒤를 따랐습니다. 이는, 새로운 형식에 대한 더 많은 개방성이 존재할 수도 있지만, 그 시장의 현재 일반적인 관행이 무엇인지, 무엇을 정리해야 하는지에 대한 압력을 가하지 않기 때문일 수도 있죠.

슈 - 지금까지 미술 이론에서 클랑쿤스트(Klangkunst)/ 사운드 아트(Sound Art)에 대한 언급이 부족했던 것도 관심 부족과 관련이 있을까요?

실제로는 관심이 부족할 수도 있고, 소리에 대해 아무것도 이해하지 못한다고 생각할 수도 있기에 이에 대한 두려움이 그 이유가 될 수 있습니다. 그러나 엄밀히 말하자면, 현재 컴퓨터로 개발된 비디오 아트와 그래픽/애니메이션 등에서는 음악가의 집중적인 참여가 그렇게까지는 필수적이지 않다고 할 수 있죠. 연구자들은 호기심 많은 태도도 갖고 있어야 한다고들 말합니다. 예를 들어, 그의 호기심이 컴퓨터 아트로 향해 있다면, 그것에 집중해도 되겠죠. 하지만 호기심을 포함한 그들의 전문적 프로필을 충족하지 못하는 연구자들도 당연히 있기 마련인데요. 여기서 호기심마저도 없다면, 새로운 발전 형태들도 전혀 살펴보지 않게 된다는 겁니다.

슈 - 클랑쿤스트(Klangkunst)에 새로운 분석 단어가 필요한가요? 어쩌면 우리가 아직 발명해야 할 개념인가요?

네, 물론입니다. 우리는 현재 반(反/anti)-개념들의 시간에 서 있으며, 아직 새로운 용어를 개발하지 못했습니다. 이미 클랑쿤스트(Klangkunst)라는 용어가 이를 보여주고 있지요. 이를 위해 우리는 플럭서스(Fluxus)와 해프닝(Happening), 퍼포먼스(Performance), 바디 아트(Body-Art), 랜드 아트(Land-Art)에서 설명을 시작해야 합니다. 또한, 예를 들어 마틴 셀(Martin Szell), 게르노트 뵈메(Gernot Böhme), 뤼디거 부브너(Rüdiger Bubner)로 대표되는 소위 철학적 미학을 들 수 있겠는데요. 안타깝게도 미학은 실제로 유용한 용어로 개발되지 못했습니다.

슈 - 기존의 개념을 참고해야만 이것이 가능할지라도, 클랑쿤스트(Klangkunst)와 관련하여 더 깊이 고민해야 할 개념 몇 가지를 말씀해 주실 수 있나요?

더 고려해야 할 부분은 형태의 개념입니다. 청취자나 관객이 그 한가운데에 서 있는 순간, 이 형태는 더 이상 폐쇄적인 대면(對面, vis-à-vis)의 관계로 나타나지 않기 때문입니다. 그렇다면 형태의 개념마저 떠나보내야 할지도 모르며, 그물망의 표상을 지향하는 구조 개념이 필요할지도 모릅니다. 그러나 이는 매듭을 당기면 언제든 새로운 그물이 나올 수 있는 특별한 것이죠. 두 번째는 인식의 영역을 확장하는 것입니다. 현재, 인지의 개념은 지각 연구의 신경생리학적, 심리적 기초 연구에서 다루는 것의 거부로 인해 퇴색하고 있기 때문입니다. 또한 인지의 맥락에서도 심리학에서 자원 할당(resource allocation)이라는 이상한 단어로 부여된 특이 현상을 더 면밀히 검토해야 합니다. 이는 사운드 설치와 같이 인지할 수 있는 다양한 선택지가 있는 상황에서 주의기제(注意機制, attention mechanism)가 어떻게 작동하는지에 대한 질문에 지나지 않죠. 이에 대해 명확히 하기 위해, 그저 연구하고 사람들이 어떤 경험을 하는지 물어봐야만 합니다. 저는 이런 것에 관심이 많기도 한데요, 1900년경 에른스트 마흐(Ernst Mach, 1838-1916)와 테오도르 립스(Theodor Lipps, 1851-1914)의 경우처럼 존재했다 다시 사라진 심리적 미학에 대한 조금은 이상하고 특이한 아이디어와 연결하고 싶습니다. 감상자 그 중심에 서있고, 이러한 질문이 나오게 되죠: 인간의 의식은 어떻게 작동하는지, 인간은 공간을 어떻게 인지하는지 - 결국 공간은 네 모퉁이로 우리를 둘러싼 것뿐만이 아닌 - 공간을 인지하기 위해서는 얼마나 많은 처리가 요구되는지. 지금은 거의 잊혀진 막스 셸러(Max Scheler, 1874-1928)가 주장한 현상학도 여기에서 고려되어야 할 것입니다.

슈 - 클랑쿤스트(Klangkunst)에 힘이 실리고, 일종의 미술관과 같은 새로운 장소를 계속해서 찾게 되거나 제도적 중심에 있게 된다면, 그것은 의미가 있는 것일까요? 우리 사회에서는 아마도 그럴 것입니다. 왜냐하면 예술가들이 자신을 표현하며 나서는 것은 항상 어렵기 때문입니다. 물론, 다른 한편으론 흥미로운 야생적 성장도 억제하죠. 보기에 이것은 다소 양면적입니다. 하지만 예술가들에게는 분명 도움될 것입니다.

동독(DDR - 독일민주공화국)에서 유래된 용어 – '클랑쿤스트'(Klangkunst)

슈테판 프리케

동독(DDR - 독일민주공화국)에서 유래된 용어 –
'클랑쿤스트'(Klangkunst)

슈테판 프리케

'클랑쿤스트'(Klangkunst)라는 개념이 언제 어디서 시작되었는지, 누가 이 용어를 처음으로 사용했는지는 정확히 알려지지 않았다. 어떤 사람들은 1980년대부터 사용되었다 말하며, 어떤 사람들은 1990년대라고 말하기도 한다. 또 어떤 사람들은 베를린 음악학자 헬가 드 라 모테-하버(Helga de la Motte-Haber, *1938)가 창안했다고 믿기도 한다. 그러나 그녀는 2004년 쾰른의 한 패널 토론에서, "저는 제가 그 단어를 발명한 건지에 대해선 모릅니다. 하지만 사람들은 항상 제가 그랬다고 생각하죠."[1]라고 말했다. 물론 '소리 나는 사물과 소리 나는 공간'[2]에 대한 연구와 교육, 강연과 학술 출판 등 이 분야에서 그 누구보다 일찍부터 광범위하게 활동하였기에, 이 의심은 합리적일지도 모른다. 1978년부터 2005년까지 베를린 공과대학(Technische Universität Berlin)에서 비공식 학생들을 포함한 그의 수많은 제자들이 스승의 길을 따라 매체 간 연구 방식을 이어갔다. 하지만 그들은 '클랑쿤스트'(Klangkunst)라는 단어가 현 독일연방공화국보다 좀 더 앞선 시기에 미국에서 사용되었던 '사운드 아트'(Sound Art)라는 용어, 그리고 1970년대 미국의 타악기 연주자이자 사운드 아티스트 막스 노이하우스(Max Neuhaus, 1939-2009)가 이름 붙인 '사운드 설치'(sound installation)라는 영단어에서 차용된 번역인지, 또는 '작곡가'를 지칭하는 동의어 '톤퀸스틀러'(Tonkünstler, 톤 예술가)처럼 19세기 예술음악(Kunstmusik, art music)의 이름만큼이나 일반화된 독일어 개념인 '톤쿤스

[1] http://www.soundart-nrw.net/nrw/pdf_download/Kunst-Klang_Podium_SoundART_2004.pdf
[2] Klangkunst(클랑쿤스트), 라버(Laaber) 출판사, 1999.

트'(Tonkunst, 톤 예술)가 '클랑쿤스트'(Klangkunst)의 어원인지, 그 여부에 대한 용어적 경로 탐색은 추구하지 않았다. 그러나 우리 모두가 알다시피, 음(音, tone)이 음악을 만드는 것은 아니다. 적어도 두 가지 요소는 있어야 하며, 이마저도 흥미롭고 매력적인 음악의 창조에는 충분하지 않다. 오히려 각각의 톤(tone)이 인위적으로 생성될 수 있는 순음(純音, pure tone)이 아니라면, 그것은 사실상 소리 음(音)-클랑(Klang, 소리음)인 것이다. 작곡가 볼프강 림(Wolfgang Rihm, 1952-2024)은 한 인터뷰에서, 본인은 당연히 클랑퀸스트러(Klangkünstler - 사운드 아티스트)이기도 하다고 털어놓았는데[3], 앞선 관점에서 보자면 그의 말도 맞는 말이다. 1999년 헬가 드 라 모테-하버는 "클랑쿤스트(Klangkunst)는 특별히 대중적인 언어가 아니다"라고 말했다.[4] 그리곤 몇 년 후, 그 개념에 대한 입장을 바꿔 다시 긍정적으로 재검토한 바 있다.[5] 그녀의 혼란처럼 '클랑쿤스트' 어원 추측에 관한 작은 혼란은 이를 더 뒤엉키게 만듦으로, 아티스트 본인들이 나서 이 복합어에 미세한 타이포그래픽 수정을 선호하게 되었다. 그렇게 그들은 음악과 조형 예술의 융합이라는 문제 본질을 강조하기 위해, 더블 K 버전인 'KlangKunst'라고 적기 시작했다. 또 다른 이들은 요셉 보이스(Joseph Beuys)의 '조형 이론'을 참고하여 그들의 작품을 '클랑플라스틱'(Klangplastik, 사운드 조각)으로 지칭하기도 한다. 이렇듯 사운드 설치와 사운드 조각은 활발히 지속적으로 존재해오고 있다. 다만, 에드가르드 바레스(Edgard Varèse,

[3]　슈테판 프리케(Stefan Fricke), 'In einem Gespräch mit dem Autor'(저자와의 담화에서), 2002

[4]　Klangkunst(클랑쿤스트), 라버(Laaber) 출판사, 1999.

[5]　슈테판 프리케(Stefan Fricke), '"Ein Feld, das es zu erobern gilt…" - Im Gespräch mit Helga de la Motte-Haber'("그것은 개척해야 할 분야입니다."헬가 드 라 모테-하버와의 담화에서), 「Neue Zeitschrift für Musik」(음악을 위한 새로운 매거진), 2003년 제1호, 24-27쪽.

1883-1965)가 사용한 '사운드 조직'(sound organization)을 이후 존 케이지(John Cage, 1912-1992)가 음악의 대체어로 다시 한 번 제시한 바 있으나, 이 개념은 감상자의 시간이 새겨진 시청각 오브제와 유사한 영역을 실질적으로 관철할 수는 없거니와 두 작곡가 모두 이 점을 생각하진 않았을 것이다.

'클랑쿤스트'(Klangkunst), 이 단어가 어떻게 형성되었든지 간에 그 개념은 베를린, 그러나 서베를린이 아닌, 동베를린 - 즉 독일민주공화국(DDR/GDR)의 수도에서 시작되었을 것이다. 동독 라디오 방송국 중 하나이자 1971년까지 운영되어 온 도이치란트젠더(Deutschlandsender)는 1965년 3월 9일부터 1965/66 시즌 동안 공중파를 통해 여러 에피소드로 구성된 시리즈를 방송한 바 있다. 그리고 이 시리즈명은 바로, ⟨Auf dem Wege zu einer neuen Klangkunst⟩(새로운 클랑쿤스트로 향하는 여정)이었다. 도이체 포스트 베를린(Deutsche Post Berlin)의 라디오 및 텔레비전 중앙 사무소(RFZ - Rundfunk- und Fernsehtechnisches Zentralamt) 엔지니어이자 국가 주도의 혁신기술 개발자인 게르하르트 슈타인케(Gerhard Steinke, *1927)가 기획한 이 시리즈는 신시사이저 '서브하코드(Subhar- chord)'에 관한 것으로, 도이치란트젠더의 음악 편집자인 게르하르트 슈발베(Gerhard Schwalbe)와 사전 회담을 통해 제작되었다. 그러나 이는 설치물이나 소리 나는 오브제에 관한 것이 아니었다. 전기 및 전자 음악의 발전 / 쾰른, 뮌헨, 파리, 밀라노뿐만 아니라, 네덜란드 미국, 영국 그리고 사회주의 우방

국들의 제작 스튜디오와 작업 방식 / 라디오 및 텔레비전 중앙 사무소(RFZ)의 인공 음향 및 소리 생성 스튜디오의 현황에 관한 것이었다. 국제 라디오 및 텔레비전 기구(OIRT - International Radio and Television Organisation)의 저널 「Rundfunk und Fernsehen」(라디오와 텔레비전)에 슈타인케는 그의 칼럼 "Die erste Sendung"(첫 방송)에서 이렇게 말한다. "'전자 음악'스러운 것이 아닌 좀 더 새로운 '클랑쿤스트'에 관해 다루고자 한다. 우리는 이러한 맥락에서 의도적으로 '음악'이라는 용어를 지양한다. 이는 전자적 사운드 및 소음/환경음향의 조합 구성과 연결에서 지난 수세기 동안 음악 발전의 소수 몇 가지 법칙만이 유효할 수 있었기 때문이다. 오히려 '클랑쿤스트', 즉 인공적인 소리 음을 통해 인간에게 미치는 예술은 더 발전하게 될 것이라 보며, 그 자체의 효과 법칙을 찾아야 한다."[6] 사전 제작된 16개의 프로그램 중, 쾰른에서 제작된 에피소드 11은 당시 방송이 허용되지 않았으며, 이 대신 오르간 음악이 송출되었다.[7] 이를 두고 슈타인케와 슈발베는, 예시로 제시된 것은 멜로디가 없는 유사 매개변수의 결여로, 음악이 아니었음을 여러 번 강조했다. 1960년대 중반, 다른 곳에서는 이미 더 자유롭고 깊이 있는 관점들이 오갔으나, 동독(DDR/GDR), 특히 음악 편집장 게하르트 슈발베는 '클랑쿤스트'(Klangkunst) 용어를 서쪽의 기원보다 훨씬 앞서 이 세상에 선물했다. 그러나 적어도 수년 동안 하나, 그리고 다른 하나인 '클랑 + 쿤스트'를 전혀 들어볼 수 없는 채 남아있다.

[6]　　「Rundfunk und Fernsehen」(라디오와 텔레비전), 제6호, 국제 라디오 및 텔레비전 기구(OIRT), 1965, 20쪽.

[7]　　〈Drei elektronische Klangexperimente aus dem Studio Köln〉(쾰른 스튜디오의 세 가지 전자 사운드 실험) 에피소드 11 - 마우시오 카겔(Mauricio Kagel)의 "Transición I", 헤르베르트 아이머트(Herbert Eimert)의 "Selektion", 죄르지 리게티(György Ligeti)의 "Artikulation"

모든 감각으로 : 클랑쿤스트 Klangkunst
소리-공간-미디어-신체

1판 1쇄 펴냄 2024년 11월 7일
1판 2쇄 펴냄 2025년 2월 20일

인터뷰   Arnold Dreyblatt
             Christina Kubisch
             Bernhard Leitner
             Helga de la Motte-Haber
             Franz Martin Olbrisch
엮은이   Stefan Fricke(슈테판 프리케)
             오현주
번역   오현주

발행처   ART
             BOOK
             PRESS

출판등록   2018년 12월 10일 제 2018-000138호
발행인   조숙현
디자인   김기현

주소   서울시 송파구 문정로83 106동 501호
이메일   artbookpress@gmail.com
홈페이지   www.artbookpress.co.kr
인스타그램   artbookpress

2024 송파 문화예술 활성화 지원사업 선정작
후원   송파문화재단